南部充央 Mitsuo Nambu

Introduction To Performing Arts Appreciation Services For Disability

障害者の舞台芸術鑑賞サービス入門

人と社会をデザインでつなぐ

NTT出版

はじめに

2001年に障害者の「完全参加と平等」の実現を図るシンボル的な施設として開館した「国際障害者交流センター」(大阪府堺市)で、障害のある人とない人が一緒に参加できる鑑賞事業づくりにかかわりはじめて18年が経ちました。当時は、国内に先進的な事例もなく、専門家も存在しませんでした。多くの知識を福祉から学び、その知識を舞台芸術の場で活かせる形に変換しながら、試行錯誤を重ねてきました。今も失敗と改善をくりかえし、障害のある人が、鑑賞者として、表現者として、運営者として参加できる環境づくりに挑み続けています。

改善にあたっては、鑑賞に訪れた障害当事者や介助者の声が大いに役立ちました。一方、遠方から訪れる方たちの「私たちのまちでもバリアフリーイベントをやってほしい」という声は、障害のある人にとっての舞台芸術の実情を伝えるものでした。障害のある人は、劇場に「訪れない」のではなく、「訪れることができない」が正しい現実だったのです。

長年、知らず知らずとはいえ、劇場という空間は障害のある人たちを結果的に排除してきました。しかし、近年、障害のある人たちと舞台芸術の関係は、大きな転換期を迎えています。きっかけの一つとなったのは、2016年4月に施行された「障害を理由とする差別の解消の推進に関する法律」、いわゆる「障害者差別解消法」です。この法律によって、劇場は、障害のある人への合理的配慮が義務付けられました。

とはいえ、法律が施行されたからといって、劇場は急に障害のある人たちを迎えることができるのでしょうか。

障害者差別解消法が施行される2年前に公益社団法人全国公立文

化施設協会がまとめた「劇場・音楽堂等における障害者対応に関する調査報告書（2014年3月）」によって、劇場が抱える問題点が浮き彫りになりました。多くの劇場は、ハード面の問題、人員不足の問題、ノウハウ不足の問題によって障害のある人たちを迎えることができないと回答しました。

何より大きな問題は、ほとんどの劇場が、ハード面／ソフト面における整備がほとんど進んでいない結果が出ているにもかかわらず、現時点の障害者対応においては、ほぼすべての施設が「問題なく対応できた」という回答を寄せていることです。

ここに問題が隠れています。一つは、劇場スタッフに頼らなくてもいい障害者しか来場していないということ。もう一つは、困っていることがあったとしても伝える窓口が劇場側にないこと。そして最大の問題は、障害が理由で劇場に足を運ぶことを諦めている人がいるということです。

多くの劇場がこの事実を知り、障害のある人たちを迎えるために動きだしました。特に、2020年に開催される東京オリンピック・パラリンピックは、この動きを生む大きな起爆剤になりました。さらに、2025年には、大阪で国際博覧会（大阪・関西万博）が開かれます。そして、この年に待ち受けているのは、超高齢化社会です。2025年は、第一次ベビーブーム世代（団塊の世代）が後期高齢者となり、人口の約3分の1を高齢者が占めるようになる年です。移動するために杖をつき、車いすに乗り、耳が聞こえにくいために補聴器や字幕を必要とする高齢者も、現代社会における障害者といえるのではないでしょうか。つまり、「超高齢化社会」とは、だれもがいずれ障害者になる社会なのです。

しかし、意識は高まったとはいえ、障害のある人と舞台芸術をデザインしてゆくためのこれといった具体的な指針がなく、「何から始めればいいのかわからない」「実際のやり方がわからない」といった声も同時にたくさん聞こえてきました。そこで、障害のある人の舞台芸術鑑賞サービスに取りくむ人にむけて基礎的な知識や方法をテキストとしてお届けできないかと考えました。

それが本書『障害者の舞台芸術鑑賞サービス入門』です。

このテキストは、現場で実際に活用してもらえるよう、現場に即した内容をできるかぎり網羅することを目指して編集しました。本書が全国の劇場スタッフ、障害者の舞台芸術鑑賞サービスに取りくむ方たちの実践につながるものになっていれば幸いです。

最後に、障害者の舞台芸術鑑賞サービスをデザインしていく人材が育つことで、全国の劇場、文化施設でだれもが訪れることのできる環境づくりが進むことを願います。もしそうなるなら、超高齢化の先端を走る日本が、多様な人々が生きる未来の社会のあり方を世界に示すことになるでしょう。

一般社団法人　日本障害者舞台芸術協働機構
代表理事　南部充央

障害者の舞台芸術鑑賞サービス入門

第1部

障害者の舞台芸術鑑賞サービスデザインとは

音楽・ダンス・芝居を誰もが楽しめるように

…………… 障害者と舞台芸術

第1章

1．障害のある人たちの舞台芸術鑑賞への課題

2001年、大阪府堺市に「国際障害者交流センター」（通称：ビッグ・アイ）が設置されました。この施設は、「国連・障害者の十年（1983 ～ 1992年）」を記念して、厚生労働省（当時の厚生省）が、障害者の「完全参加と平等」の実現を図るシンボル的な施設として設置したものです。

国際障害者交流センターでは、障害の有無や国籍、年齢にかかわらず、だれもが参加できる事業を継続的に実施しています。そこで、18年間にわたって繰り返された実験的な取り組みは、国内だけに留めておくにはもったいないほどの先進事例となりました。

国際障害者交流センターには、障害のある人も、そうでない人も、一緒にホールで舞台芸術を鑑賞できる環境があります。コンサートや公演が終わると、エントランスはさまざまな人たちであふれかえり、それぞれが体験したことを共有し合う姿を見ることができます。手話で会話をしている人もいれば、車いすの人と膝を折って話をしている人もいます。観客の見送りにエントランスに出てきたキャストと一緒に記念写真を撮っている高齢者もいます。みんなが普通にそこにいます。

しかし、国際障害者交流センターが設置当初から今のような環境であったかというと、そうではなかったように思います。施設には、多目的ホール（1500席）と3つの研修室、併設された宿泊施設やレストランがあります。そこで鑑賞事業を実施すると、約4割が障害のある人と介助者、残り約6割が障害のない人たちという構成になります。もちろん、

事業によっては、この割合ではないものもあります。ここで「障害のない人」と一言で表記しましたが、実際には障害者手帳や療育手帳を持たないのに、障害を感じる人もいました。

相互理解の不足

取り組みだして間もない頃を振り返ると、障害のある人と、そうでない人の両方から怒られた印象があります。障害のある人からは、当事者への対応や配慮が不足していることに対してずいぶんと叱られました。

どの事業でも車で来館を希望する人がいます。多目的ホールの事業の場合、多いときは100台を超える申し込みがあります。しかし、国際障害者交流センターには、そのすべてを駐車できるスペースはありません。そのため、事業が開催される日の駐車場は障害者専用にします。それでも、申し込み台数が駐車可能な台数を上回るため、抽選によって駐車場を割り当て、当選者には駐車証を事前に送ります。しかし、事業当日になると、駐車証を持っていない（発行されていない）車が列をなします。

駐車場スタッフが車で鑑賞に来た人に駐車証の提示をお願いすると、ドライバーは「駐車禁止等除外標章」（歩行困難な身体障害者等に公安委員会が公布する標章。道路標識等により駐車を禁止した場所、または時間制限駐車区間の駐車禁止規制の対象から除外される）を提示して、「これを持っているから、停めさせて」といいます。

駐車場スタッフは、駐車場が障害者専用であること、それでも駐車スペースが不足するため厳選なる抽選を実施していること、当選した人には事前に駐車証を発行していること、そして、その駐車証がないと駐車できないことを説明します。すると、「なぜ障害者なのに停めることができないの？　ここに駐車できないのなら、どこに停めたらいいのか教えて！」と怒りだします。そこで、近隣の駐車場の地図を渡すと、今度は、「そちらが案内した駐車場に車を停めた。その駐車場は、障害者割引がなかった。案内されたところに車をわざわざ停めに行ったんだから、駐車場代を払ってください」といいます。いったい、どうしてこんなことがおこるのでしょうか。

一方、障害のない人からは、障害のある人への対応や配慮が特別扱いと受け取られ、そのことへの不満をぶつけられます。

開場時、安全を確保するために車いすや白杖を利用している人を優先入場させます。手話通訳の見えやすい席を事前に確認できるように、聴覚障害のある人たちを優先入場させることもあります。すると、開場を待って列に並んでいる人から、「なぜ、その人たちだけを優遇するのですか。私たちはずっと並んでいる。特別扱いだ」という声が上がります。

特別扱いではなく、移動障害のある人の安全を確保するためであり、必要なサービスを受けるための配慮であることを説明するのですが、なかなか理解してもらえません。この不満の声は、きっと障害のある当事者にも届いていたと思います。

このころはまだ、劇場・ホールで障害のある人とない人が一緒に時間と場所を共有することへの相互理解が不足していました。そのことを私たち自身がしっかりと発信できていなかったのです。

それでも、事業を実施するたびに、障害のある人たちは足を運んでくれました。その理由は、やはり国際障害者交流センターという施設が福祉施設であること、国内でもっともバリアフリーに恵まれているホールがあること、だれもが参加できる環境づくりに挑み続けていたからだと思います。

障害のある人たちが訪れることのできる劇場やホールは少ない

あるとき、鑑賞に訪れた方から言われた言葉があります。それは、「私の家の近くにも劇場がある。その劇場でもバリアフリーイベントをやってもらえないか。そこでやってもらえると、家から近いのでありがたい。舞台を見たいと思うけど、ここまで来るのが大変なんです」というものでした。話をすると、随分と遠くから来ていることがわかりました。高齢者を含め、移動障害のある人にとって、長距離移動が大変なことは容易に想像できます。この言葉は、その後もいろいろな人から言われました。アンケートに書かれていたこともあります。とても大きな疑問でした。どうして近くにある劇場に行かないのだろう――？

2015年、30箇所ほどの劇場（一部、劇団もあり）を訪問して話をうかがうことができました。ちょうど翌年から障害者差別解消法が施行されることもあり、多少なりとも障害のある人の舞台芸術鑑賞について、その取り組みや具体的な対応、抱えている問題などを聞くことができると思っていました。しかし、残念ながら訪れた先の多くが、障害のある人たちを鑑賞者として想定していませんでした。障害者差別解消法を知らない、という劇場がほとんどでした。ここで初めて、全国に障害のある人たちが訪れることができる劇場やホールは少ないのかもしれない、と気づきました。

障害のある人への先入観

訪問時に、予定されている公演に「字幕」や「音声ガイド」といった鑑賞サービスを付けることを提案しました。字幕があると、聞こえない・聞こえにくい人たちも音声情報を理解することができます。音声ガイドがあると、見えない・見えにくい人たちにとって視覚情報を想像する助けになります。

でも、ある劇団に提案したとき、担当者から「今、字幕や音声ガイドを必要としている人、聴覚や視覚に障害のある人たちは、私たちの公演を観にきていません。ニーズがないということです。ニーズがないのに、なぜ字幕や音声ガイドを付けなければならないのでしょうか」と質問されました。

ニーズがないわけではありません。障害のある人たちは、鑑賞できる環境が整っていないから観にこないだけです。階段しかない建物の2階にあるイタリアン・レストランが、今まで車いすのお客さんは一度も来たことがない、と言っているのと同じことです。そして、あろうことか、そのレストランが「車いすの人は、イタリア料理を食べない」と断言しているようなものなのです。

この後も、私は担当者と「ニワトリが先か、卵が先か」の話をしばらく繰り返しました。何度も話をした結果、この劇団の公演に鑑賞サービスを付けたものを実施することになりました。

考え方を変える

2016年4月に、日本では「障害者差別解消法（正式名：障害を理由とする差別の解消の推進に関する法律）」が施行されました。その26年前に、アメリカでは障害のある人への差別を排除する包括的な法律「Americans with Disabilities Act（通称：ADA法）」が制定されていました。

2016年9月、ADA法の起草者であり、アメリカで障害者への差別の防止に30年以上取り組んできたトム・ハーキン元上院議員に直接話を聞く機会を得ました。四半世紀前、アメリカでADA法が制定されたときに、どんなことが起こっていたのだろう――？　とても興味が湧いて、楽しみに話を聞きに行きました。

ADA法制定後、トム・ハーキン元上院議員は全米中に「法律によって社会が変わる」ことを伝え歩いたといいます。そしてそのときの説明に使った1枚の絵を私たちに見せてくれました。それは「Clearing a path for people with special needs clears the path for everyone!」（特別なニーズをもつ人のための道をクリアにすることが、みんなのための道をクリアにします！）というタイトルの絵で、雪の降った翌朝の学校の入り口でのできごとが描かれていました。

校舎の入り口は、階段を3段ほどあがった場所にあります。階段の脇に、スロープもあります。階段にもスロープにも、夜の間に降った雪が積もっています。職員が階段に積もった雪をシャベルでかき分けているところに生徒たちがやってきます。そのうちの車いすに乗っている生徒が職員に「スロープの雪かきをしてください」とお願いします。すると、職員は「他の生徒たちが階段を通れるようにしたら、その次にスロープの雪かきをするね」と答えます。すると、車いすの生徒が「スロープを通れるようにすれば、ここにいる全員が通れるようになるのに」とつぶやくのです。

トム・ハーキン元上院議員は、この１枚の絵で「考え方を変えることが大切である」ということを教えてくれました。特別なニーズをもつ人のための環境をつくることが、全ての人のための環境をつくることになる。スロープを通れるようにすることが、結果的に車いすの生徒も、他の生徒も、さらには高齢者だって通れるようになる。

その他に、トム・ハーキン元上院議員は「計画の初めに障害のある人のことを想定するほうが、後から追加するよりも容易で費用も安い」ということを教えてくれました。

見落としがちな落とし穴

国際障害者交流センターは、日本にあるほとんどの劇場やホール、文化施設よりも、ハード面でバリアフリーな施設であると断言できます。ハード面で恵まれた国際障害者交流センターだから、障害のある人たちも舞台芸術の鑑賞に訪れることができるのでしょうか。逆に言えば、恵まれていない劇場やホール、文化施設では、障害のある人が参加できる環境をつくることはできないのでしょうか。

2015年、兵庫県立尼崎青少年創造劇場（通称：ピッコロシアター）の職員から「音声ガイド付き演劇公演をつくりたい」という相談を受けました。兵庫県立尼崎青少年創造劇場は、築37年（2015年当時）の劇場で、キャパシティ396席のホールがあります。ホールエントランスは、建物の2階にあります。エレベーターでエントランスがある2階にあがることはできますが、2階のエントランスから1階の客席におりるエレベーターはありません。車いす用トイレは後から追加で設置されましたが、客席内に車いす席はありません。建物内にスロープもありません。ハード面から言えば、決して恵まれているとは言えません。

2015年よりも数年前に、音声ガイド付き演劇公演の企画をあげたようですが、当時はさまざまな理由で実施に至らなかったようです。そのため過去に障害のある人たちも参加できる環境づくりに取り組んだ経験は一度もありませんでした。職員に福祉の専門家や障害者対応の専任スタッフもいません。また、豊富に人員を抱えているわけでもありません。

相談の具体的な内容は、音声ガイドの実施方法や、それにかかる費用を教えてほしいというものでした。話を聞いて数分で、「これはダメだ」と思いました。一番大切なことが欠けていると気づいたのです。そこで、「考え方を変える」、「私たちの研修を受ける」、「私たちと一緒につくる」ことを提案し、その条件を了解してもらえるなら一緒にやりましょうと伝えました。兵庫県立尼崎青少年創造劇場は、その条件を了解してくれました。

全4公演のうち、1公演にだけ音声ガイドを実施しました。結果、27組の視覚障害のある人たちが、他の鑑賞者と同じようにチケット料金を払って鑑賞に訪れました。鑑賞者のなかには、盲導犬を伴っている人もいました。19組の方が、アンケートに協力してくれました。公演全体の満足度とスタッフの会場案内の満足度は89％が「満足」と回答しました。音声ガイドについては63％が「わかりやすい」と回答し、チケット料金については95％が「安い、または普通」と回答しました。さらに、今回の取り組みがきっかけで、視覚障害のある人たちによる演劇鑑賞会が発足したことや、音声ガイドが付いていなくても自分たちが参加できそうな公演に足を運んでくれる視覚障害者ができたということを聞きました。

この結果を知った何人かの劇場関係者は「どうしてこんな結果になったの?!」といいました。なかには「落語に手話通訳をつけたことがあるけど、手話の必要な人は一人も来なかった」、「障害のある人も参加できるステージ企画に車いすの人が来てくれたけど、結局怒られた」という経験を話してくれる人もいました。これらの取り組みと、今回の取り組みは何が違ったのでしょうか。初めに相談に来てくれたときに、私が「欠けている」と感じたことはなんだったのでしょうか。

鑑賞サービスは行政事業のアリバイではない

兵庫県立尼崎青少年創造劇場の相談は「音声ガイド付き演劇公演をつくりたい」というものでした。その具体的な相談内容は、「音声ガイドの実施方法」や「それにかかる費用」について教えてほしいというものでした。

音声ガイド付き演劇公演をつくろうと思うと、多くの場合、音声ガイドのことを知ろうとします。それを突き詰めていくと、音声ガイドを実施するために必要な機材や専門家、コストを知るということにたどり着きます。その結果、音声ガイドを実施することはできると思います。しかし、音声ガイド付き演劇公演を開催したからといって、視覚障害のある人が来るとは限りません。公演に満足し、リピーターになるとは限りません。結局、自分たちが行ける環境ではない、と思って去っていくかもしれません。それでも、音声ガイド付き公演＝鑑賞サービス付きのバリアフリー公演を実施したという実績は残ります。

兵庫県立尼崎青少年創造劇場が初めに相談に来たとき、私は「音声ガイド付き演劇公演をつくる」という考えから、「視覚障害のある人も楽しめる演劇公演をつくる」という考え方に変えてほしいと伝えました。視覚障害のある人も楽しめる演劇公演をつくろうと思ったとき、一番初めに「視覚障害のある人ってどんな人だろう？」という考えにたどり着きます。その人の特性は？　基本的な対応方法は？　必要なサービスは？

視覚障害のある人を「知る」ことで、その人が鑑賞するのに、何が障

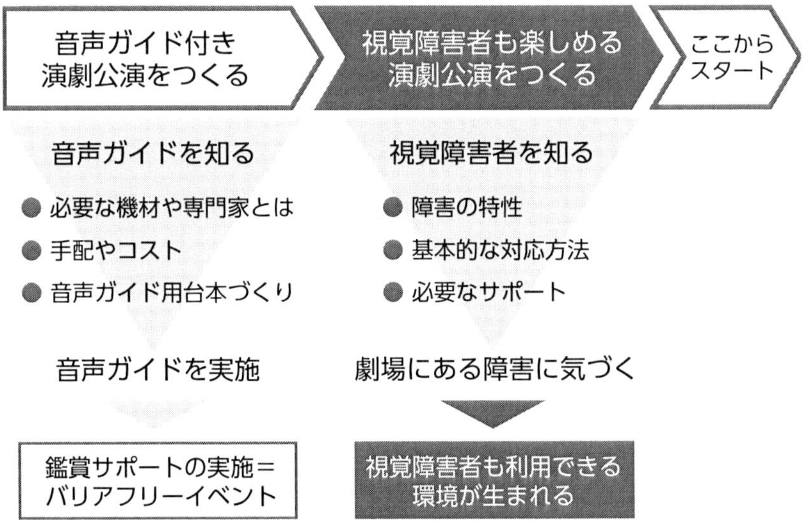

音声ガイド付き
演劇公演をつくる
視覚障害者も楽しめる
演劇公演をつくる
ここから
スタート
音声ガイドを知る
● 必要な機材や専門家とは
● 手配やコスト
● 音声ガイド用台本づくり
音声ガイドを実施
鑑賞サポートの実施＝
バリアフリーイベント
視覚障害者を知る
● 障害の特性
● 基本的な対応方法
● 必要なサポート
劇場にある障害に気づく
視覚障害者も利用できる
環境が生まれる

図1-1　鑑賞サービスの出発点

害となるのかに気づくことができます。そこから生まれつくりだされるものは、「視覚障害のある人も利用できる環境」です。もしかしたら、その一つが、情報をサポートする音声ガイドかもしれません。

障害のある人の舞台芸術鑑賞への課題とは何か。予算、ハード面、人材不足など、さまざまな課題があります。しかし、その大前提として、私たちは考え方を変えなければなりません。

法律の制定や東京大会（オリンピック・パラリンピック）によって、急速に環境づくりが進められようとしています。スロープやエレベーターといったハード、字幕や音声ガイドといったソフトを導入することが「バリアフリー」なのではありません。また、それが導入できないから、できないというものでもありません。鑑賞サービスがバリアフリーのアリバイにとどまっていてはいけないのです。

2. 排除か、配慮か

障害のある人たちを観客として劇場に迎えるための基本は、「どうすれば、その人たちも支障なく鑑賞できるのだろうか」と考え、その人たちも参加できるように工夫することです。そのことをジャンケンという遊びから少し考えてみたいと思います。

ジャンケンは手の指でグーやチョキ、パーのかたちをつくって勝ち負けを簡単に決める遊びです。当番や係、順番を決めるときなど、だれもが一度はやったことがあると思います。では、ジャンケンはだれでも参加できる遊びなのでしょうか。

例えば、小さなコミュニティのなかで代表者を選ぶときのルールが「ジャンケン」だったとします。一般的には、利き手で「最初はグー、ジャンケンポン」という掛け声に合わせてタイミングよく「グー、チョキ、パー」のいずれかを出して勝ち負けを決めます。しかし、コミュニティのなかの一人に両手ともグーしか出せない肢体不自由の人がいた場合、みなさんならどうしますか。

いくつかの選択肢があると思います。一つは、「その人を参加させない」という選択です。もう一つは「その人も参加できるように工夫する」

という選択肢です。

その人を参加させないという選択は、公平性に欠ける選択で、結果的にその人を排除したことになります。では、その人も参加できるようにするためには、どうすればいいのでしょうか。

一つ例をあげると、両腕をあげたポーズを「グー」、胸の前でクロスさせたら「チョキ」、水平に腕を広げたら「パー」といったジェスチャーで、グー、チョキ、パーを表現する方法があります。そのほかにも、足の形で表現する方法もあります。どちらの方法でも、両手ともグーしか出せない人でも参加できるようになります。

次の例を考えてみます。両手ともグーしか出せない肢体不自由の人が引っ越しました。代わりに新しい仲間が入ってきました。そこで、もう一度ジャンケンで代表者を選び直すことになります。しかし、新しく入ってきた仲間は、耳が聞こえない聴覚障害のある人でした。さて、みなさんならどうしますか？

耳が聞こえないことで、ジャンケンに参加するために生じる障害を考えてみます。すると、タイミングが合わない（または、合いにくい）という問題に気づきます。「最初はグー、ジャンケンポン」の掛け声が聞こえないため、「グー、チョキ、パー」を出すタイミングがズレる可能性があるのです。

そこで、タイミングを合わせる方法を考えます。リズミカルに手を叩いたり、体を揺らしたり、視覚的な情報でタイミングを合わす方法を色々と考えます。楽しい振り付けがついた新しいジャンケンによって、代表者選びを成立させることができます。

もう一つは、タイミングを合わせなくてもジャンケンが成立する方法を考えます。グー、チョキ、パーの絵を描いたカードをつくり、全員がそのカードを裏返しのまま出します。一度出した絵札は途中で交換できないとしておけば、カードを出すタイミングに関係なくジャンケンを成立させることができます。

このように、「その人がジャンケンに参加するための障害はなんなのか」を見つけることで、工夫が生まれます。そのためには、指でグーやチョキ、パーのかたちをつくるという概念やルールを変えなければなりません。もしかすると「そんなやり方は邪道だ」という人がいるかもしれません。しかし、そのために参加できない人がいるならば、「なんのためのジャンケンなのか」ということを考える必要があるでしょう。

だれもが参加できるジャンケンをするためには「その人を参加させない」という排除を選ぶのではなく、「その人も参加できるように工夫する」という配慮を選ぶことからはじまります。

配慮を選び、その人も参加できる工夫を提供していくためには、想像力が必要です。いろいろな人との出会いがなければ、その人にとっての障害を見つけることもできなければ、工夫を想像することもできません。しかし、日々の劇場・ホールで活動するスタッフが、その活動のなかで、いったいどれだけ障害のある当事者と出会うことができているでしょうか。現在の劇場・ホールは、もしかすると障害のある人たちとは隔離された環境にあるのかもしれません。そんな環境では、無意識のうちに障害に対するいろいろな固定観念をつくりあげてしまいます。出会うことがないから、工夫する経験を得ることもできないのです。

排除ではなく、配慮を選ぶ。このことを実現していくにはその方たちと出会い、コミュニケーションをとりながら試行錯誤するしかありません。その経験が、そのときの参加者に合わせて工夫していける力につながります。

参考

『排除と差別の社会学　新版』(好井裕明 2016)
『ことばのバリアフリー　情報保障とコミュニケーションの障害学』(あべやすし 2015)
『共生の障害学　排除と隔離を超えて』(堀正嗣 2012)
『社会的排除　参加の欠如・不確かな帰属』(岩田正美 2008)

3．これからの劇場・ホールに求められる社会的役割

劇場・ホールに求められる社会的役割は、その時代の社会情勢や経済情勢によって移り変わってきました。そのたびに劇場・ホールは、試行錯誤のなかから時代に合った役割を果たすための方策を打ち出し、

乗り越えてきました。

全国に約2000箇所の劇場・文化施設ができるまで

劇場の歴史から言えば、日本では江戸時代から江戸の三座、大坂の五座など、多くの木造和式劇場がありました。

現在の劇場・文化施設につながる西洋的な施設としては、1890年（明治23年）に東京・上野に建設された東京音楽学校の奏楽堂が日本最古だといわれています。その後、1911年（明治44年）に、日本初の西洋式演劇劇場として帝国劇場が建設されます。

1918年（大正7年）には、大阪市中央公会堂（通称：中之島公会堂）がオープン、1929年（昭和4年）には日比谷公会堂が建設され、その後も名古屋市、岐阜市、豊橋市、姫路市、岡山市、久留米市などで続々と公会堂が建設されます。いままで民間施設で行われてきた芸術公演が、このころから公共施設で催されるようになっていきます。

戦後、経済的な復興とともに愛媛県民会館が1953年（昭和28年）に建設されます。1961年（昭和36年）には東京文化会館が建設され、いよいよ本格的な劇場・文化施設の歴史がスタートし、全国的に波及していくことになります。しかし、当時は市民の文化活動や芸術を求めるニーズに対して劇場・文化施設はまだまだ不足している状態にありました。

以降、着実に劇場・文化施設の建設は続き、1980年代に入るとバブル景気の影響で各自治体の財政に余裕が生まれたこともあり、専用ホールや芸術劇場は建設ラッシュの時期を迎えます。さらに、1990年代からは、市民の気軽な鑑賞・発表の場として、小規模ホールが建設され、多くの都市で、劇場・文化施設が２つも３つも生まれることになります。

このころ、劇場・ホールに求められる役割は「いかに良質な芸術を市民に届けるか」といった芸術的評価（価値）でした。大都市に行かなくても、市民が良質な芸術に触れることができるよう、結果的に全国に2000を超える劇場や文化施設が誕生することになります。

指定管理者制度の導入

経済成長が停滞しつつあった1990年代後半以降、非効率な行政のあり方への批判を背景に、地方自治法の改正による指定管理者制度が導入（2003年）されます。

指定管理者制度とは、公の施設の管理に民間のノウハウを活用しながらサービスの向上と経費削減を図ることを目的に創設された制度です。公益社団法人全国公立文化施設協会が2010年にまとめた「指定管理者制度導入状況に関する調査報告書」では、公立文化施設（2180施設）のうち、49.6％（1080施設）が指定管理者制度を導入していると報告されています。

劇場や文化施設は、2001年（平成13年）をピークに、その数は減少の一途をたどっていくことになります。そして、劇場・ホールには、良質な芸術を市民に届けることに加え、「集客率」や「稼働率」「目標達成率」「効率性」「実績評価」「必要性」「公平性」「収益率」といった、あらゆる評価指標が求められるようになります。

劇場の社会包摂機能

現在、劇場に求められている社会的役割は、地域社会にかかわるすべての人が文化や芸術を通して交わることのできる拠点的役割＝社会包摂機能であるといわれています。

2016年4月に「障害を理由とする差別の解消の推進に関する法律」（「障害者差別解消法」）が施行されました。これにより、劇場・文化施設は、障害のある人たちも参加できる環境を整備していかなければならなくなりました。

2017年6月には、成立から16年が経過した「文化芸術振興基本法」の一部を改正する法律として「文化芸術基本法」が施行されました。文化庁のホームページでも紹介されているとおり、「その背景には、少子高齢化やグローバル化の進展など社会状況の著しい変化や、2020年に開催される東京オリンピック・パラリンピック競技大会がスポーツの祭典であると同時に文化の祭典でもあり、文化芸術の新たな価値の創出を示していく好機であることが改正の要因」となりました。

「文化芸術基本法」第一章、総則の基本理念3には「（中略）年齢、障害の有無、経済的な状況又は居住する地域にかかわらず等しく、文化芸術を鑑賞し、これに参加し、又はこれを創造することができるような環境の整備が図られなければならない」とあります。

これからの劇場・ホールは、一部の芸術愛好家だけのためにその役割を果たしていくのではなく、その地域に関わる全ての市民が参加できる環境を構築し、だれもが舞台芸術を享受することができ、文化や芸術によって市民が交流できる拠点としての役割を果たしていかなければならないのです。

障害者舞台芸術鑑賞サービスデザインの必要性

その役割を果たすために必要なスキルが、「障害者舞台芸術鑑賞サービスのデザイン」です。

障害者舞台芸術鑑賞サービスをデザインするとは、「どうすれば障害のある人も鑑賞できるのか」「何が障壁になっているのか」といった課題を定義し、その人にとって必要な形「＝サービス」にして提供していくために計画することです。

「サービス（service）」とは、その人にとって「役に立つ」という意味で、「デザイン（design）」とは、「目的を達成するために設計・計画をする」ことです。カタカナで使われる「サービス」には、時々「無料」という意味を含ませた使われ方をしますが、英語の「service」には「無料」という意味はありません。「service＝free」ではないのです。

劇場・ホールが社会的な役割を果たしていくためには、一方的な支援を提供するのではなく、課題に対して価値のあるサービスを創出していくことが重要で、そのことを実践していく人材が必要なのです。

障害者舞台芸術鑑賞サービスデザインの役割

・劇場･ホールが社会的な役割を果たすためにアーティストや市民、行政、企業などに理解を広める
・情報や場所に到達するまでの接続･移動サービスのデザイン
・鑑賞時の情報サービスのデザイン
・意思疎通のためのコミュニケーションサービスのデザイン

障害者舞台芸術鑑賞サービスデザインの思考方法

１．鑑賞者（対象者）のことを知る
２．潜んでいる課題を定義する
３．課題解決のためにデザインする
４．実践する
５．デザインを評価する

１～5のフローを繰り返し、それぞれの劇場･ホールでユニークなサービスを展開する。

参考

『公共ホールの政策評価　「指定管理者制度」時代に向けて』（佐藤望、石井明、猪股雅幸、瀬藤康嗣、宮田昌子 2005 ／監修 中矢一義）
『公共劇場の 10 年　舞台芸術・演劇の公共性の現在と未来』（伊藤裕夫、松井憲太郎、小林真理、松本小四郎、恵志美奈子、中島諒人、岸正人、鈴木滉二郎、藤井慎太郎、丸本隆、滝口健、相馬千秋、野田邦弘、五島朋子／編者 伊藤裕夫、松井憲太郎、小林真理 2010）
『公共ホールと劇場・音楽堂法　文化政策の法的基盤 II』（根木昭、佐藤良子 2013）
『新しい広場をつくる　市民芸術概論綱要』（平田オリザ 2013）
三和総研（現在の三菱東京 UFJ リサーチアンドコンサルティング）機関紙『アーツポリシー』に投稿された「わが国における公共ホールの変遷」（河原泰 2003）
『日本の現代劇場設計事例集』（日本建築学会 1997）
『劇場空間の源流』（本杉省三 2015）

調査報告から考える

……………「障がい者の舞台芸術表現・鑑賞に関する実態調査報告書」

第2章

1.「実態調査報告書」から考える

障害のある人の舞台芸術表現・鑑賞において、当事者や福祉関連施設のニーズ、舞台芸術創造発信の場である劇場・文化施設の認識や取り組みの実態を把握することを目的に、日本財団パラリンピックサポートセンター（パラリンピック研究会）と国際障害者交流センター（ビッグ・アイ）が実態調査を実施し、2017年2月に『障がい者の舞台芸術表現・鑑賞に関する実態調査報告書』がまとめられました。

この調査では、公立ならびに民間の劇場・文化施設2385件を対象にアンケートを郵送し、655件（27.9%）が回答しました。また、劇場・文化施設側の実態だけではなく、障害のある当事者や福祉施設にもアンケートを実施することで双方の実態をつかみ、両者の認識や意見を照らし合わすことで、お互いの意識に齟齬や乖離があることを明らかにした貴重な調査報告でした。

調査の概要

調査対象：A個人（障がい当事者）

対象：国際障害者交流センター（ビッグ・アイ）の登録者4536件

回答数（回答率）：208件（4.6%）

調査方法：郵送法

調査内容：Ⅰ「舞台芸術の表現活動」、Ⅱ「舞台芸術の鑑賞機会について」、
Ⅲ「回答者について」

※本人（障がい当事者）が回答できない場合は、保護者もしくは支援者が記入

調査対象：B福祉施設

対象：国際障害者交流センター（ビッグ・アイ）の登録施設2567件

回答数（回答率）：341件（13.3%）

調査方法：郵送法

調査内容：Ⅰ「貴団体について」、Ⅱ「障がいのある人の舞台芸術の表現活動について」、Ⅲ「障がいのある人の舞台芸術の鑑賞活動について」

※福祉関連施設（通所、入所、相談施設）、医療関連施設、教育機関、企業、サークル、情報提供施設など

※国際障害者交流センター（ビッグ・アイ）……「国連・障害者の十年（1983～1992年）」を記念して、2001年に厚生労働省が、障害者の「完全参加と平等」の実現を図るシンボル的な施設として設置。障害の有無にかかわらず国際交流活動や芸術・文化活動の場として、先端的な取り組みを行う。

調査対象：D劇場・文化施設

対象：公立文化施設協会加盟1288件並びに非加盟1097件

回答数（回答率）：665件（27.9%）

方法：郵送法

調査内容：Ⅰ「基本情報」、Ⅱ「スタッフ研修について」、Ⅲ「障がいのある人の鑑賞について」、Ⅳ「障がいのある人の表現活動について」、Ⅴ「施設の取り組みについて」

その他、調査対象：C障害のある人とともに公演活動を行っている舞台芸術分野の実施団体にもアンケートを実施したが、ここでは触れない。

（実施時期は2016年8月～9月）

参考URL

https://big-i.jp/contents/report/detail.php?eid=00656&NewsTopics=2

(1) 劇場・文化施設の現状

ここからは、「障がい者の舞台芸術表現・鑑賞に関する実態調査報告書」によって明らかになった劇場・文化施設の実態を紹介していきます。

補助犬への理解

調査結果では、「ホール内に補助犬を同伴できますか?」という質問に対して、15.9%(106件)の劇場・文化施設が「いいえ」と回答しました(**図2-1**)。2002年に施行された身体障害者補助犬法の第四章第七条に「国等(国及び地方公共団体並びに独立行政法人、特殊法人その他の政令で定める公共法人をいう。)は、その管理する施設を身体障害者が利用する場合において身体障害者補助犬を同伴することを拒んではならない」とあります。法律が施行されてから15年(調査当時)が経っていることを考えると、劇場・文化施設では、まだまだ身体障害者補助犬法の正しい理解が進んでいないことがうかがえます。

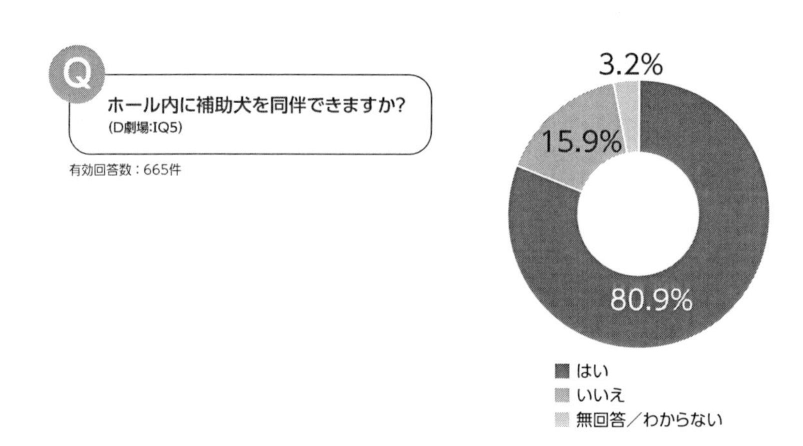

図2-1 補助犬の同伴

障害者雇用

劇場・文化施設で障害のある人が有給スタッフとしてかかわっている数は、まだまだ少ないのが実情です。調査結果でも、有給スタッフとしてかかわっている数は10.2％（68件）と、約1割でした（**図2-2**）。

「障害者雇用促進法」を考えると、劇場はもっと障害のある人たちも活躍できる環境であってもいいのではないかと思います。

2018年4月1日より「障害者雇用促進法」の法定雇用率は引き上げが実施されました。雇用率の引き上げとともに、雇用義務の対象に精神障害者も義務づけられるようになりました。しかし、同年8月には、障害者雇用水増し問題が発覚。中央省庁が42年間にもわたって障害者の雇用率を水増ししていたことがわかりました。これは、法律違反です。その後、調べを進めていった結果、国の行政機関での不正だけで3700人、都道府県・市町村などで約3800人、合わせて約7500人分が水増しされていることが明らかになりました。

身体障害者補助犬法と同様、正しい理解と意識が広がらなければなりません。

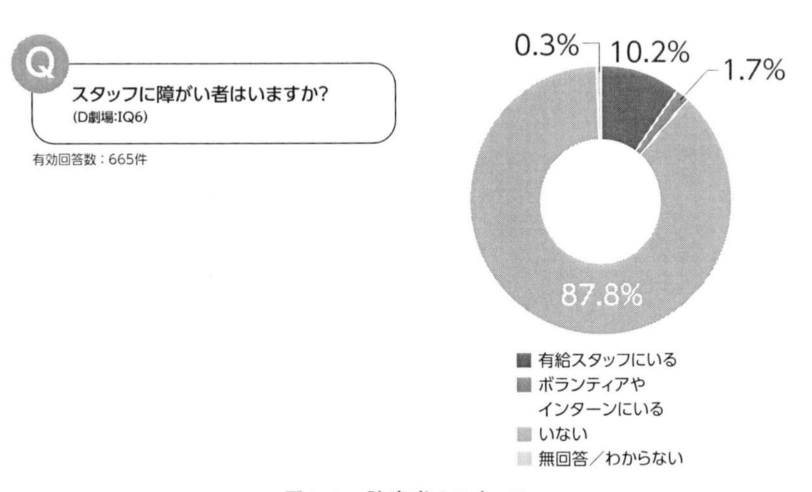

図2-2　障害者のスタッフ

障害者スタッフがいること

障害のあるスタッフが「いる」ところと「いない」ところでは、障害のある人を迎える意識と行動に差が現れていました。

障害のあるスタッフが「いる」と「いない」では、「障がいのある人に対するサポートや理解に関する研修」の実施率に2倍近くの開きがありました（**図2-3-1**）。同様に、「鑑賞サポート付き公演」や「障がいのある人のニーズを知る」ための取り組みの実施状況においても、「いる」が「いない」を上回る結果が得られました。

普段から障害のある人と接している劇場・文化施設のほうが、障害に対する理解や意識が高いことがうかがえます。

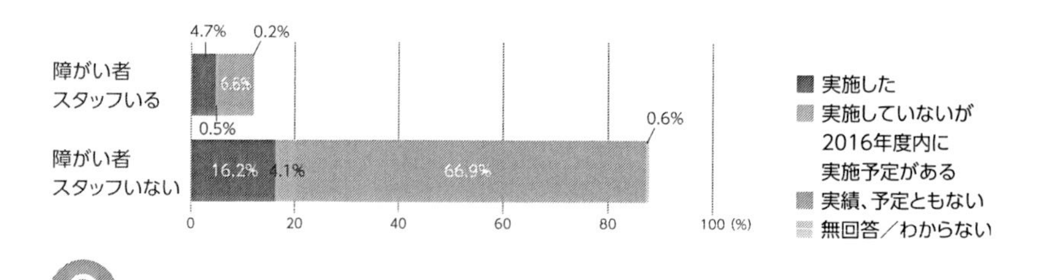

図2-3-1　研修実施率

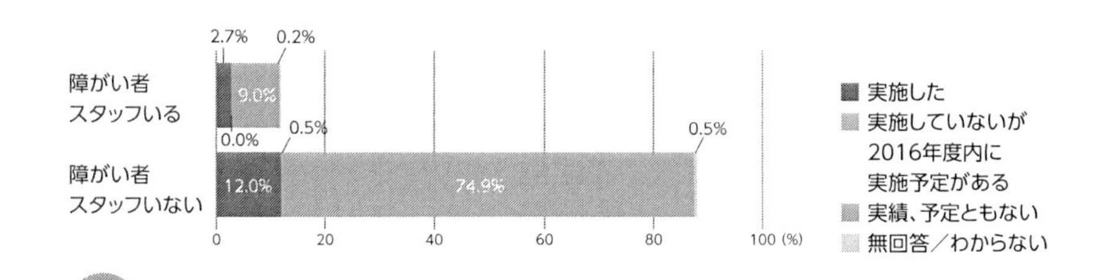

Q

スタッフに障がい者はいますか？(D劇場:IQ6)

障がいのある人への字幕や副音声ガイドなどの鑑賞サポート付き公演を実施したことがありますか？
(D劇場:ⅢQ6-1)

有効回答数：665件
※障がい者スタッフ：
ボランティア・インターン
を含みます。

図2-3-2　鑑賞サポート実施率

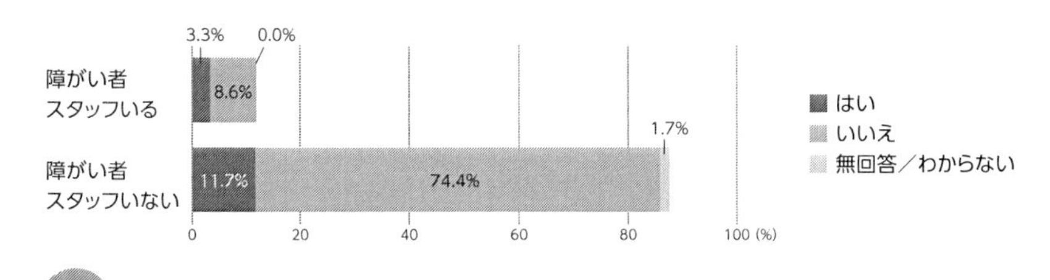

Q

スタッフに障がい者はいますか？(D劇場:IQ6)

障がいのある人のニーズを知るために、何らかの取り組みを行っていますか？
(D劇場:VQ2)

有効回答数：665件
※障がい者スタッフ：
ボランティア・インターン
を含みます。

図2-3-3　ニーズを知る取り組みの実施率

障害への思い込み

「障がいのある人たちは、公演（自主・共催・貸館事業を含む）に鑑賞に来ていますか」という質問に「はい」と答えた劇場・文化施設は89.3%（594件）にも上りました。ほとんどの劇場・文化施設は、障害のある人たちは鑑賞に訪れているという認識を持っていることがわかりました。

しかし、事業別に訪れている障害種別を見てみると、身体障害（車いすあり）の割合がどの事業においても高いことから**（図2-4）**、劇場・文化施設は障害者として、車いす利用者を強く意識している可能性が高いことが推察されます。

ここに大きな落とし穴が潜んでいます。車いす利用者以外の障害のある人の鑑賞の機会を阻んでしまう可能性があるのです。車いす利用者を強く意識するあまり、スロープや車いす用トイレがない劇場や施設では、ハードを改修しない限り、障害のある人の参加できる環境づくりを進めることができないという決めつけが生まれるおそれがあるのです。だれもが参加できる環境をつくる方法がハード面の改修という考えに陥ってしまうのです。

障がいのある人たちは、公演(自主・共催・貸館事業を含む)に鑑賞に来ていますか?
どのような障がい種別の人が鑑賞しているか、事業ごとにお答えください。〈複数回答可〉
(D劇場:ⅢQ1-1、1-2)

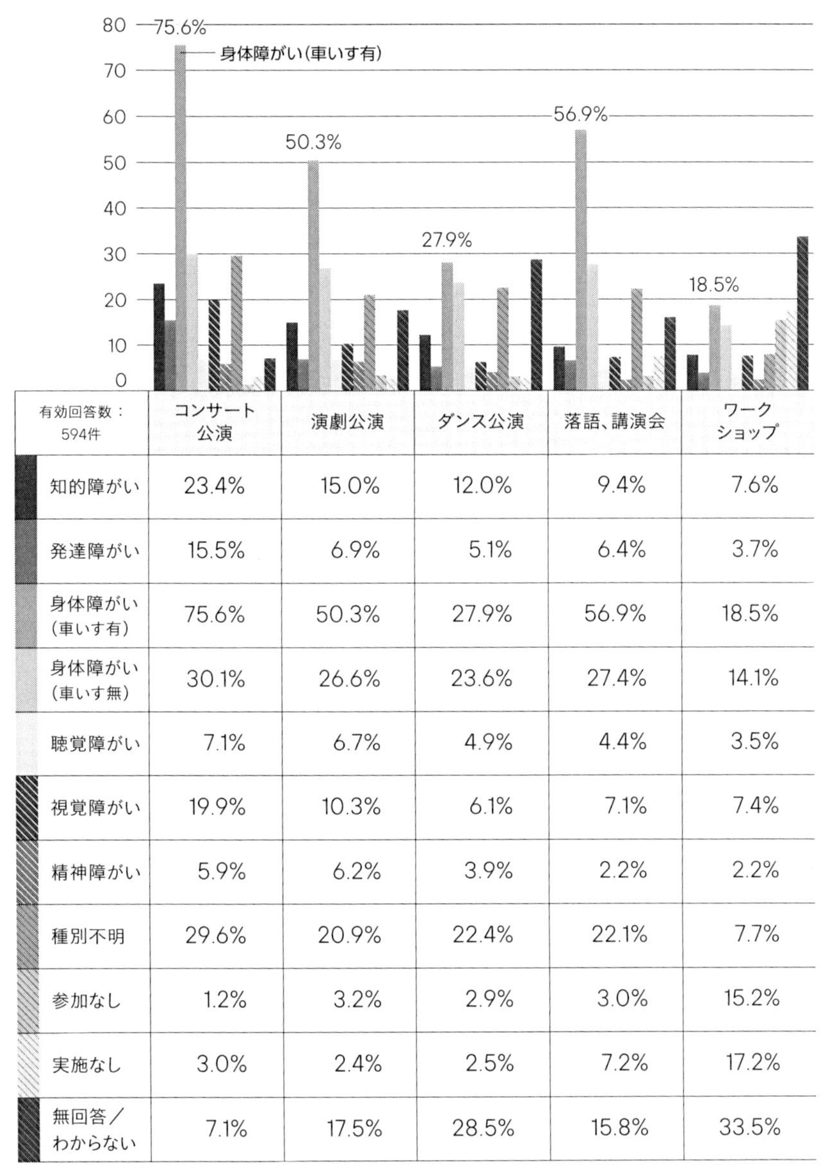

有効回答数：594件	コンサート公演	演劇公演	ダンス公演	落語、講演会	ワークショップ
知的障がい	23.4%	15.0%	12.0%	9.4%	7.6%
発達障がい	15.5%	6.9%	5.1%	6.4%	3.7%
身体障がい(車いす有)	75.6%	50.3%	27.9%	56.9%	18.5%
身体障がい(車いす無)	30.1%	26.6%	23.6%	27.4%	14.1%
聴覚障がい	7.1%	6.7%	4.9%	4.4%	3.5%
視覚障がい	19.9%	10.3%	6.1%	7.1%	7.4%
精神障がい	5.9%	6.2%	3.9%	2.2%	2.2%
種別不明	29.6%	20.9%	22.4%	22.1%	7.7%
参加なし	1.2%	3.2%	2.9%	3.0%	15.2%
実施なし	3.0%	2.4%	2.5%	7.2%	17.2%
無回答／わからない	7.1%	17.5%	28.5%	15.8%	33.5%

図2-4　劇場・文化施設の回答

自主事業における意識と取り組みの差

自主事業において、障害のある人たちを鑑賞者として想定している劇場・文化施設は76.2%（507件）でした（**図2-5**）。多くの劇場・文化施設では、障害のある人たちは鑑賞に訪れているという認識を持っており、障害のある人たちを鑑賞者として想定していることがわかりました。しかし、「障がいのある人に情報を届ける」取り組みや「鑑賞サポート付きの公演」を実施しているところは、いずれも20%前後と非常に低い結果でした。実際の取り組みと意識には、乖離があるのです。

Q

自主事業において、障がいのある人たちを鑑賞者として想定していますか？
（D劇場：ⅢQ2）

有効回答数：665件

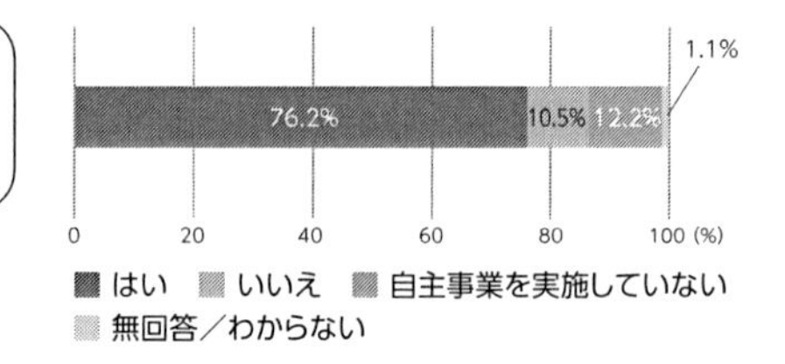

Q

障がいのある人に情報を届けるために、取り組んでいることはありますか？
（D劇場：ⅢQ4-1）

有効回答数：665件

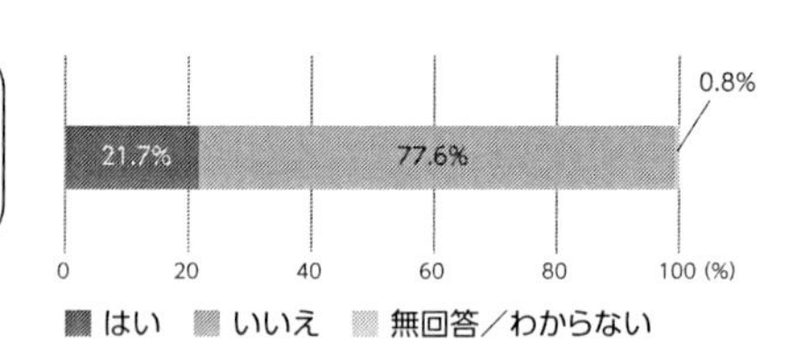

Q

障がいのある人への字幕や副音声ガイドなどの鑑賞サポート付き公演を実施したことがありますか？（D劇場：ⅢQ6-1）

有効回答数：665件

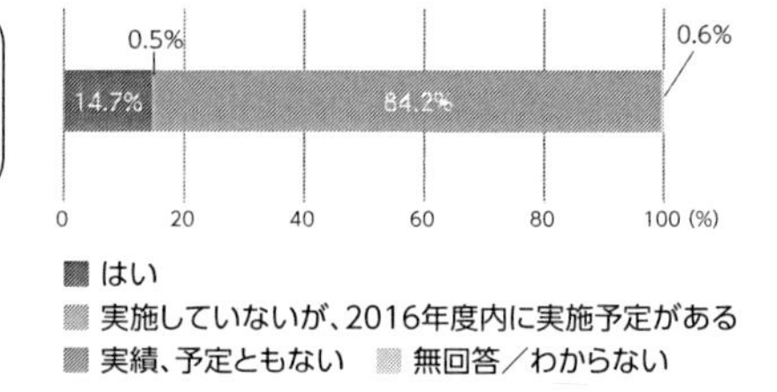

図2-5　劇場・文化施設の回答②

劇場・文化施設の調査結果

障害のある人の舞台芸術鑑賞におけるニーズを知るための取り組みを行っている劇場・文化施設は、わずか15.0％（100件）でした（**図2-6**）。多くの劇場・文化施設は障害のある人のニーズを知る取り組みを行っていないことが調査によって判明しました。

また、ニーズを知る取り組みを行っている劇場・文化施設でも、その内容は「アンケートによる意識収集」が半数以上を占めていました。この背景には、「障がいのある人は鑑賞に訪れている。特に（障がいのある人の）対応で困ったこともなければ、（障がいのある人から）要望もあがってこない」という劇場・文化施設側の偏った認識が潜んでいるように思われます。

こういった認識が「貴施設が取り組む障がいのある人たちを対象とした活動は、社会的にどのような効果を生んでいると思いますか？」という質問に対して「社会的な効果を特に感じられない」と回答する劇場・文化施設を3割強もつくっている結果につながっているのかもしれません。

意識

障がいのある人たちは劇場に訪れている

Q 障がいのある人たちは、公演(自主・共催・貸館事業を含む)に鑑賞に来ていますか?
(D劇場:ⅢQ1-1)

有効回答数:665件

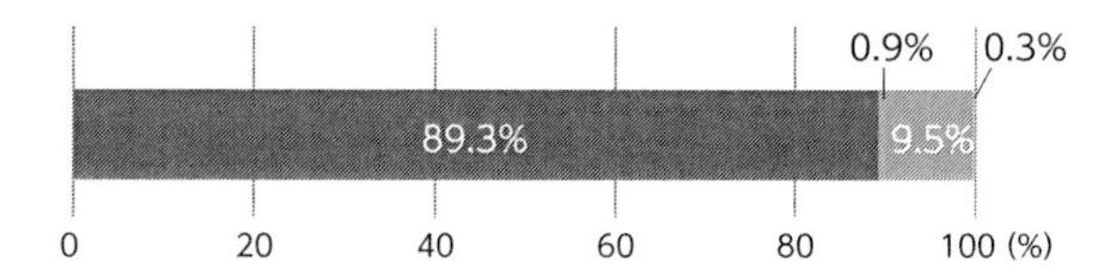

対応

要望はそれほどあがってこない
対応でもあまり困っていない

Q 障がいのある人から、施設の運営や合理的配慮についての要望を受けたことがありますか?
(D劇場:VQ1)

有効回答数:665件

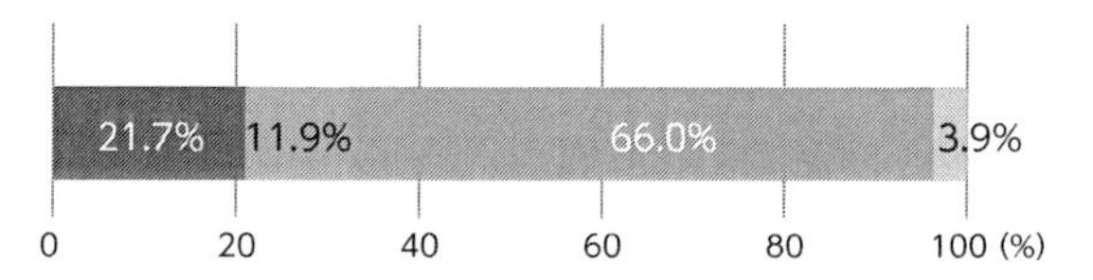

Q 障がいのある人が鑑賞に来た時に、対応で困ったことはありますか?
(D劇場:ⅢQ1-4)

有効回答数:594件

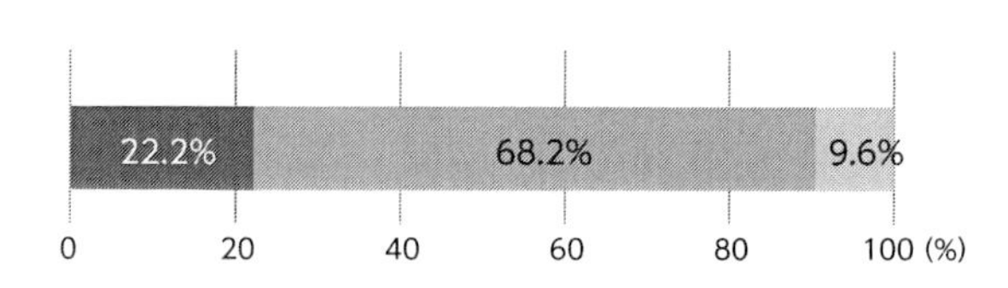

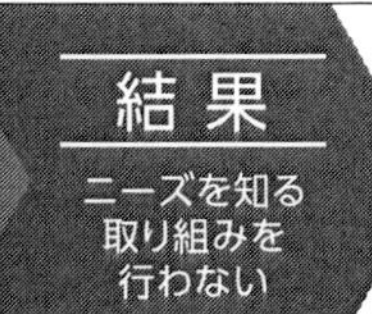

Q 障がいのある人のニーズを知るために、何らかの取り組みを行っていますか？
(D劇場:VQ2)

有効回答数：665件

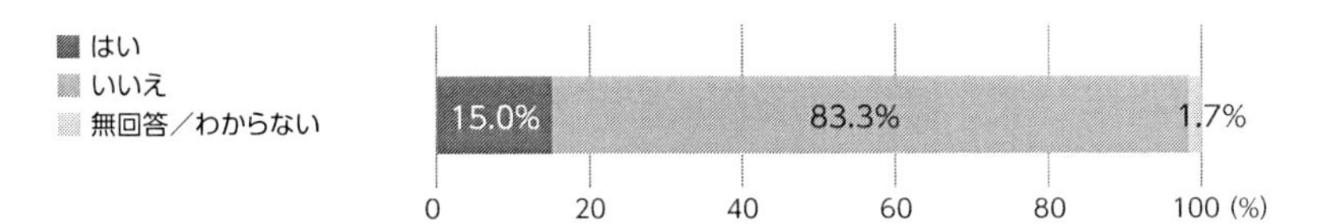

成果
「特にない」と
感じている
劇場も多い

Q 貴施設が取り組む障がいのある人たちを対象とした活動は、社会的にどのような効果を生んでいると思いますか？ (D劇場:VQ3)

有効回答数：665件

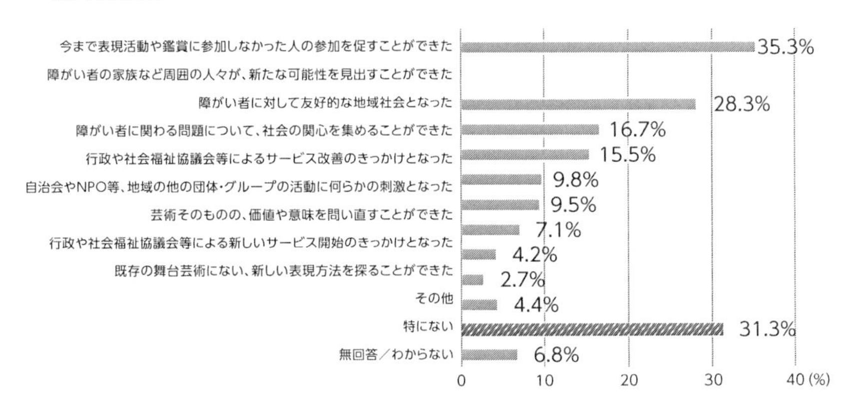

図2-6　劇場・文化施設の回答③

(2) 障害のある人からみた舞台芸術鑑賞のありのまま

劇場・文化施設側から見た障害のある人の舞台芸術鑑賞の実態が明らかにされたわけですが、では、障害のある当事者は劇場やホールで鑑賞することに対して、どのように感じているのでしょうか。劇場・文化施設には訪れているのでしょうか。訪れたときに、困ったことはないのでしょうか。

ここでは、国際障害者交流センター(ビッグ・アイ)鈴木京子事業プロデューサーがまとめた調査結果(A個人〔障がい当事者〕とB福祉施設を対象)と、村田博信東京藝術大学特任研究員がまとめた横断比較をもとに、その実態を紹介したいと思います。

現状の意識ではおよばないもの

地域の劇場や文化施設で舞台芸術を鑑賞した経験のある人の割合は、個人で76.9%(160件)、福祉施設で43.4%(148件)でした。2015年度における鑑賞の頻度は、年に数回と答えた人が個人で78.1%(125件)、福祉施設で83.8%(124件)でした。

福祉施設の鑑賞経験が若干少ないものの、多くの人が年に数回、劇場・文化施設に訪れているという結果が得られました。劇場・文化施設の多くが「障がいのある人たちは鑑賞に訪れている(89.3%)」と意識していることと、それほど大きな差は感じられませんでした。しかし、その障害種別を横断的に比較してみると、大きな違いがあることがわかります。村田研究員は、「鑑賞者の障がい種別の内訳は、個人、福祉施設ともに知的障がいをはじめ様々ですが、劇場・文化施設側が把握している限りでは身体障がい者が突出しており、他の障がい種別はあまり認識されていません」という考察を述べています。

「鑑賞に来た障がいのある人から、何らかのサポートを求められたことがある」と答えた劇場・文化施設は61.6%になりますが、求められたサポートの具体的な内容をみると、「案内誘導」と「車いす対応」で7割が占められています。このことからも、劇場・文化施設が把握している障害者が車いす利用者であることがうかがえます。

Q
地域の劇場や文化施設で鑑賞したことはありますか？
(A個人:ⅡQ3)
有効回答数:208

■ある 160
■ない 40
■無回答／わからない　8

合計　208

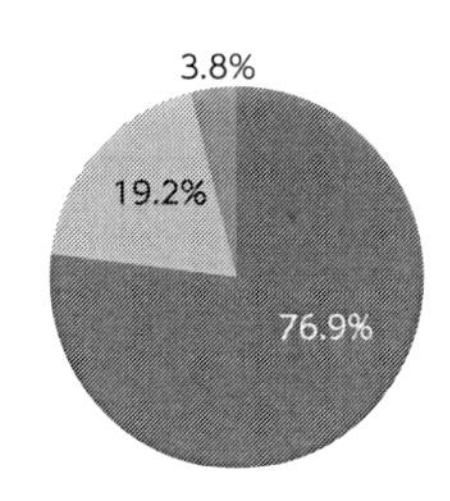

Q
地域の劇場や文化施設に出向いて鑑賞したことはありますか？
(B福祉施設:ⅢQ1)
有効回答数:341

■ある 148
■ない　181
■無回答／わからない 12

合計　341

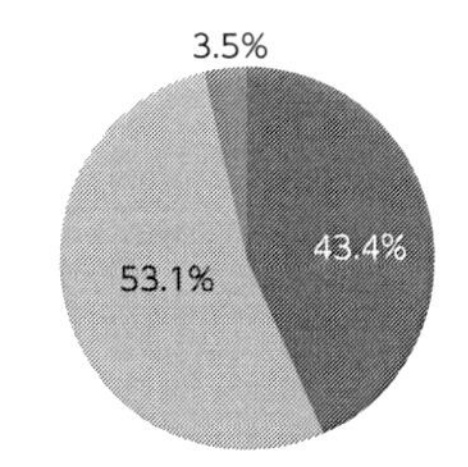

Q
2015年度は何回鑑賞に行きましたか？
(A個人:ⅡQ5)
有効回答数:160

	件	%
年に数回	125	78.1
月に数回	13	8.1
週に1回	1	0.6
毎日	0	0.0
週に4～6回	0	0.0
週に2～3回	0	0.0
週に1回	0	0.0
その他	13	8.1
無回答／わからない	8	5.0
合計	160	

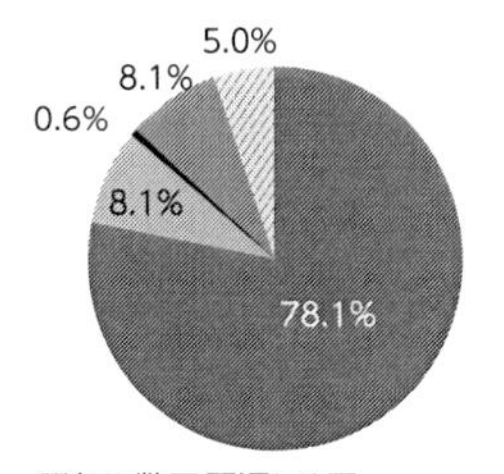

Q
2015年度に、何回鑑賞に行きましたか？
(B福祉施設:ⅢQ3)
有効回答数:148

	件	%
年に数回	124	83.8
月に数回	1	0.7
毎日	0	0.0
週に4～6回	0	0.0
週に2～3回	0	0.0
週に1回	0	0.0
その他	18	12.2
無回答／わからない	5	3.4
合計	148	

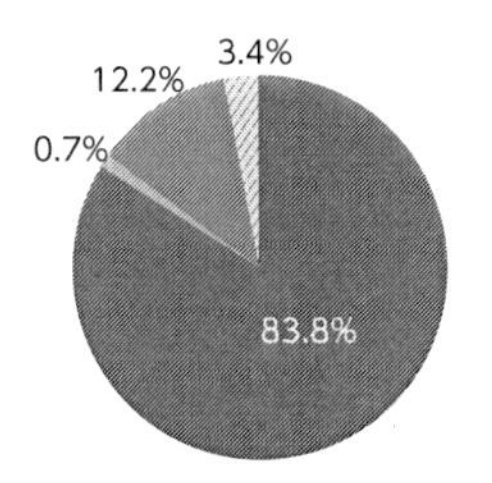

図2-7　障害のある人の回答

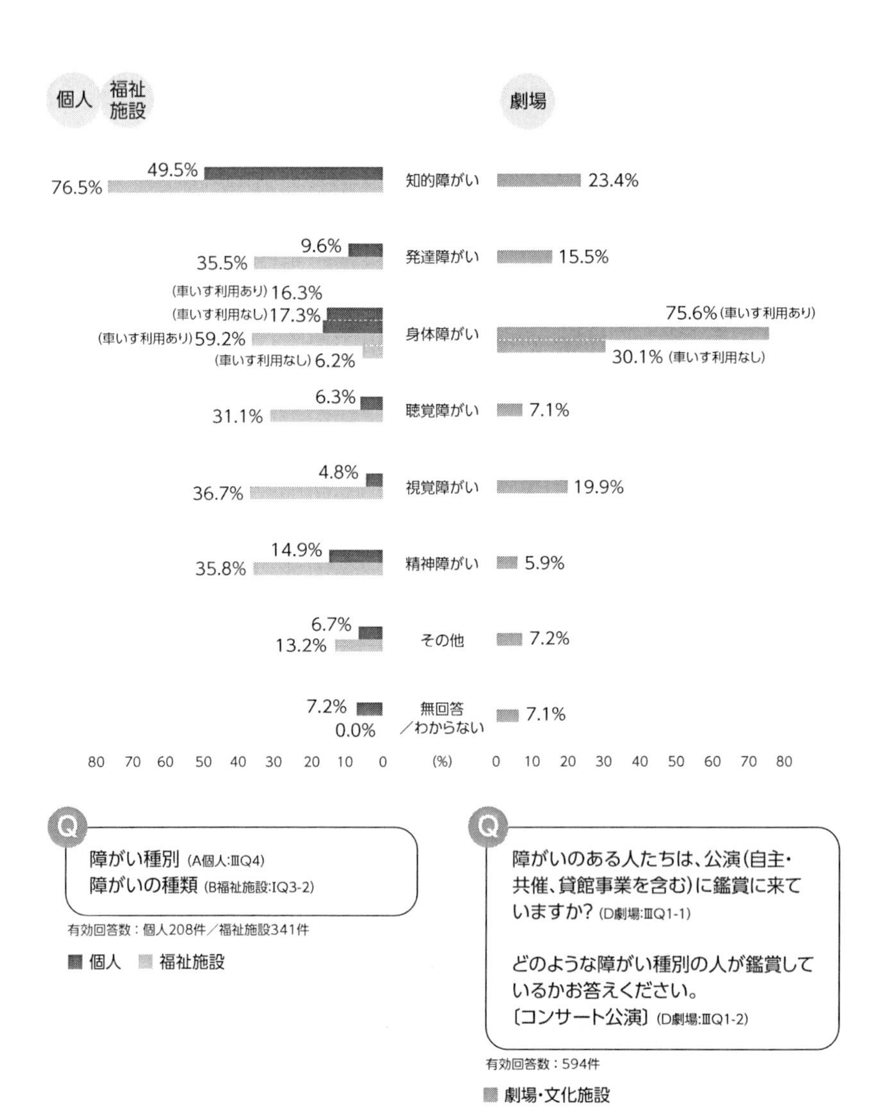

図2-8　劇場・文化施設の回答④

対応の現状

地域の劇場や文化施設を訪れたときに、「障がいに応じたサポートを受けたことがある」と答えた人は個人で29.4%（47件）、福祉施設で50.7%（75件）でした。また、「サポートは不要だった」と回答した個人は42.5%（68件）、福祉施設は32.4%（48件）でした（**図2-9**）。

サポートを受けた経験は、個人よりも福祉施設のほうが多い結果でしたが、サポートがそもそも不要だったと回答した人は、個人のほうが福祉施設よりも多い結果でした。このような結果が出た要因は複数あると考えられます。

・障害者（個人）が相談しにくい環境である
・福祉施設の職員が当事者に代わって相談している
・個人においてはサポートが不要な人しか訪れていない

地域の劇場や文化施設での鑑賞に関して、相談したことがないと答えた人は個人で76.3％（122件）、福祉施設で75.7％（112件）と、高い割合でした（**図2-10**）。しかし、相談しなかった理由はそれぞれ異なりました。調査報告書のなかで鈴木事業プロデューサーは、「その理由については、個人は「困っているけど相談しなかった」、福祉施設では「困っていないので相談しなかった」と対照的でした」と述べています。

劇場・文化施設は、障害当事者（個人）にとって相談しにくい環境である現状を受け止め、改善していく必要があるのではないでしょうか。

Q 地域の劇場や文化施設では障がいに応じたサポートを受けましたか？（A個人:ⅡQ8）

有効回答数：160件

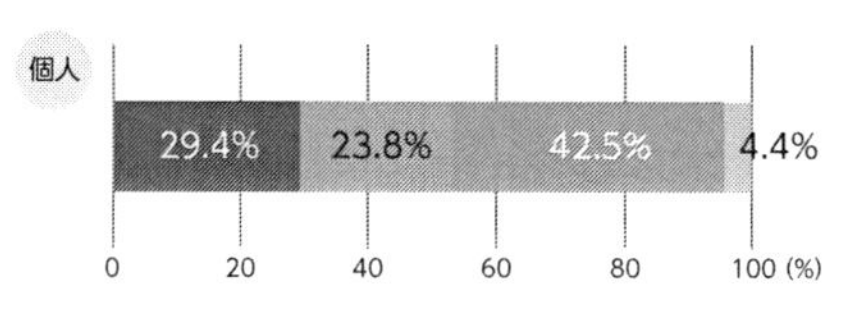

Q 地域の劇場や文化施設を利用したとき、障がいに応じたサポートは受けましたか？（B福祉施設:ⅢQ5）

有効回答数：148件

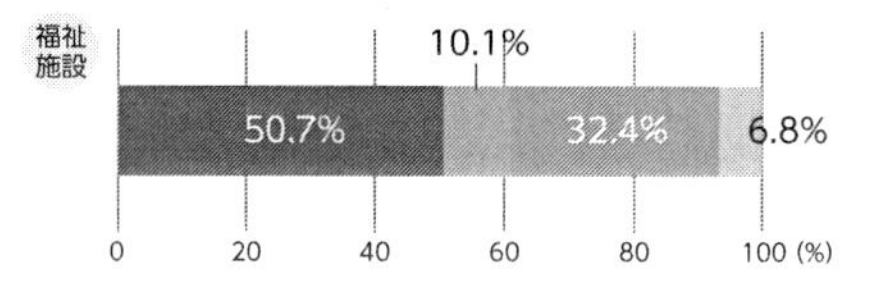

図2-9　障害のある人の回答②

受けたサポート

●個人　（自由記述より抜粋）

・座席への案内

・車いす席、車いすへの案内

・駐車場の確保

・手話通訳、字幕など

●福祉施設

・車いす移動の補助、場所の確保など

・車いすの用意

・弱者への配席の配慮・手話通訳

・車いす駐車場の確保、入退場の配慮

欲しかったサポート

●個人　（自由記述より抜粋）

・すうじ、ろうまじがわからないため、おしえてほしかった
・親子室等、別室で鑑賞したかった（障がい当事者は、大人なので無理）
・音声ガイド
・視覚・聴覚障がいへのサポート配慮

●福祉施設

・車いすのサポート
・座席の位置
・職員（スタッフ）配置、増員
・手話、字幕など聴覚障がい者でも楽しめるような環境整備

Q
地域の劇場や文化施設での鑑賞に関して、相談したことはありますか？（A個人:ⅡQ12）
有効回答数：160件

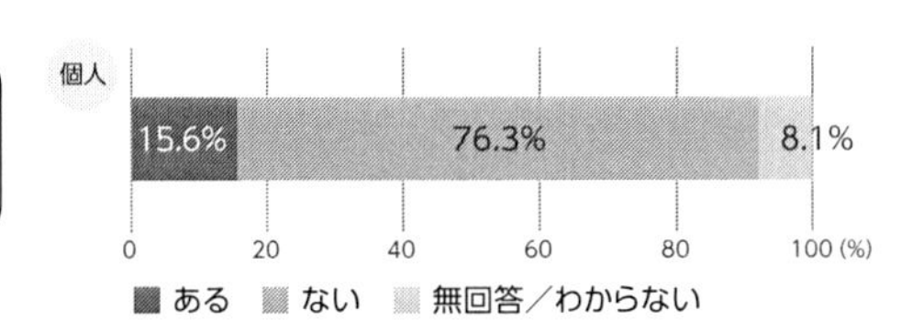

Q
地域の劇場や文化施設での鑑賞に関して、相談したことはありますか？（B福祉施設:ⅢQ10）
有効回答数：148件

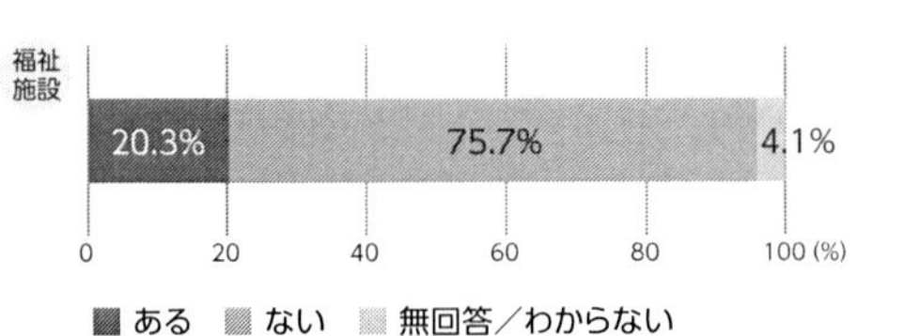

図2-10　障害のある人の回答③

相談しなかった理由

●個人　（自由記述より抜粋）

・希望を話せない
・相談しても、理解してくれないだろうと思っている
・わからないから
・相談先が分からない
・相談できる人が居なかった
・相談にのってくれない
・地域では、参加しにくい為、他の人の迷惑にならないかと？
・事前に調べて大丈夫な劇場・文化施設にのみ参加している

●福祉施設

・特に不自由さはない
・担当との打合せで済んだため
・先方から案内をいただいていて実施することが多いから
・ご招待していただくことが多いので、言いにくい
・市内の劇場（音楽ホール）は、使い慣れているので、車いすの人にも慣れている
・利用者様からの要望がなかったため
・年1回程度の鑑賞だから

当事者ニーズの把握

個人に対する調査結果では、19.2％（40件）の人が地域の劇場や文化施設で鑑賞したことがないと答えました**（図2-7）**。その人たちに鑑賞しない理由を聞くと「その他」がもっとも多く、その回答はさまざまであることがわかりました。

自由記述に記載された回答をみると「静かにできない（奇声など声が出ます）ため、まわりの迷惑になってしまうから」「常に声が出る、動き回る、その事で気をつかう、出たり入ったりすることもある」「付添を探さないといけない事とまわりの理解」「劇場・文化施設などで行われる公演その他情報がない」など、障害が理由で鑑賞することを諦めている人や、そもそも情報が届いていない可能性のある人がいることがわかります。

障害のある人のなかには、一般的なチラシやWebページでは情報が届かない人もいます。そのことに気づいて情報を届ける工夫をしている劇場・文化施設は、この調査結果では21.7％でした**（図2-5）**。

考察のなかで鈴木事業プロデューサーは「障がいへの特性を考えたプログラムや情報の届け方の工夫によっては、新たな観客層を創出することも可能であると考えられる」と述べています。その理由の一つには、「舞台芸術に興味がない」と答えた人が、わずか7.5％にとどまったことが大きな要因であると考えられます**（図2-11）**。

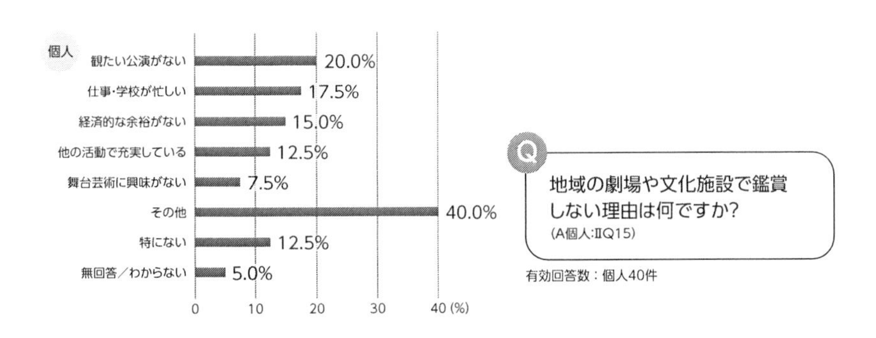

図2-11　障害のある人の回答④

鑑賞未経験者の鑑賞をより促すためには

では、どのような要素があれば障害のある人たちは鑑賞に行きたいと思うのでしょうか。調査結果より、村田研究員は「鑑賞経験者だけでなく鑑賞未経験者の鑑賞を促す要素として、鑑賞サポートをはじめ、送迎や、事前の公演情報、申し込みが簡単であること」と、まとめています。

一方、多くのニーズがあるにもかかわらず、「劇場・文化施設側では、ニーズ把握や鑑賞サポートを実施しているのは15.0%にとどまっている」ことを問題視しています（図2-6）。

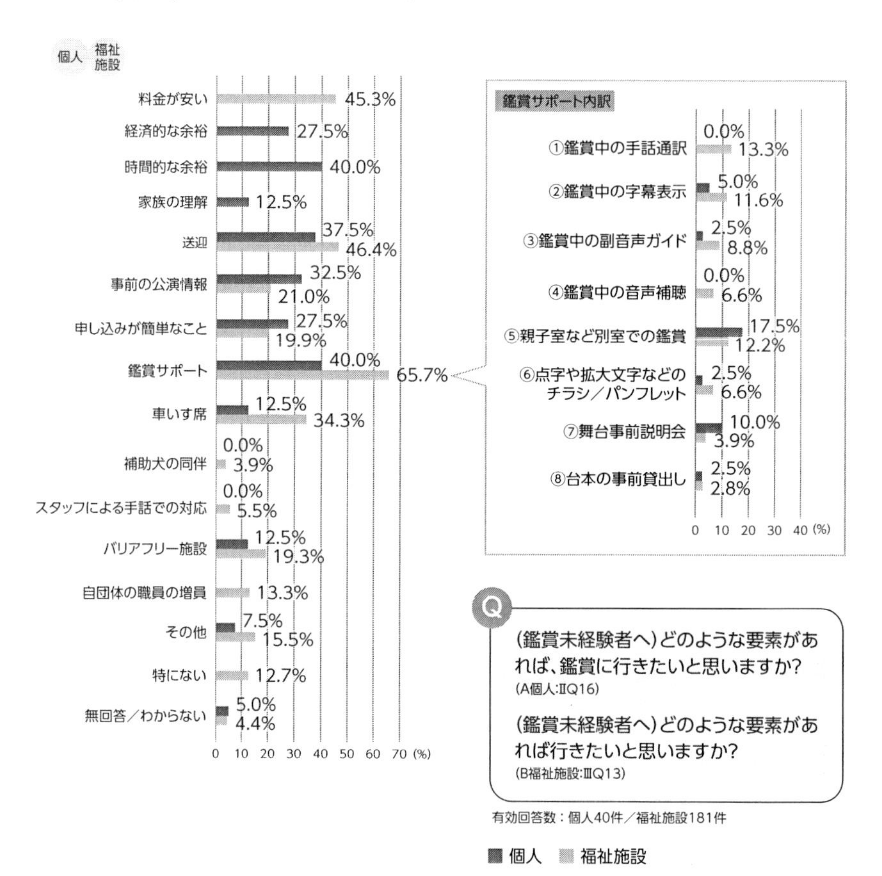

図2-12　障害のある人の回答⑤

「鑑賞サポート」の内訳でもっとも回答が多かったのは「親子室など別室での鑑賞」でした。「鑑賞サポート」という言葉を聞くと、多くの人が手話や字幕、音声ガイドなどの「情報サービス」を真っ先に思い浮かべます。ただ、それを実施しようとすると、予算という問題にぶちあたります。でも、もしかすると、すでにある親子室や母子室の名前を「だれでも鑑賞室」という名称に変えて、発達や知的障害のある人たちに開放するだけで、劇場や文化施設に足を運べる人がいるのかもしれません。大切なことは、そのことに気づいて実施するかどうか、ということです。

(3) 調査の先にあるもの

この調査がとても貴重だったのは、迎える側（劇場・文化施設）と来る側（障害当事者・福祉施設）のそれぞれを対象に調査を実施し、そこに隠れていた意識の齟齬や乖離を浮き彫りにしたことです。

迎える側が考えるサービスが車いす対応を中心としたハード面であるのに対して、来る側が欲しかったサービスは、わかりやすい表示や字幕、音声ガイド、スタッフの配置・増員といったソフト面でした。

また、障害のある当事者を一括りにするのではなく、個人と団体（福祉施設）に分けて調査を実施したことも、この調査の意義深いところでした。劇場やホールに訪れる方によって、同じ障害のある人でも期待する対応やサービスが異なるということがわかりました。

専門家たちが取り組んだ横断的な調査のおかげで、さまざまなことが見えてきました。しかし、この調査は最終ゴールではありません。肝心なのは、この調査結果を活かして、どう現場に反映していくかということです。

第2部

障害のある人との
それぞれの向き合い方

障害を知る

……………障害種別基本特性

第3章

1．障害はさまざま

障害種別の基本的な特性とその対応方法について触れる前に、必ず覚えておいてほしいことがあります。それは、障害種別はとても多様で、同じ障害種別でも‘人によって’障害の程度や必要なサービスはさまざまであるということです。ここに書いてあることがすべてではありません。ここで触れる特性にあてはまらない人もいます。そのことを必ず覚えておいてください。

(1) 視覚障害

一般的には、全く見えない「盲」と、見えにくい「弱視＝low vision」と、視力障害以外の視野狭窄などを含めた総称を「視覚障害」といいます。

視覚に障害があるというと、「全く見えない」状態のみを思い浮かべる人が多いのですが、実際には見え方に困難を抱えている人の割合が非常に高く、その見え方はさまざまです。

日本の視覚障害児・者数は**312,000人**（厚生労働省「平成28年生活のしづらさなどに関する調査（全国在宅障害児・者等実態調査）」より）と推定されています。

WHO（世界保健機関）が定める視覚障害の定義は、視力0の光覚がない状態から視力0.05までを盲、視力0.05以上0.3未満を弱視（low vision）としています。一方、国内における福祉分野の定義としては、身体障害者福祉法に次のような視覚障害者の範囲が定義されています。

視覚障害で、永続するもの

1．両目の視力（万国式試視力表によって測ったものをいい、屈折異常がある者については、矯正視力について測ったものをいう。以下、同じ）がそれぞれ0.1以下のもの
2．一眼の視力が0.02以下、他眼の視力が0.6以下のもの
3．両目の視野がそれぞれ10度以内のもの
4．両目による視野の２分の１以上が欠けているもの

表3-1　視覚障害者の障害等級表

等級	内容
1級	両目の視力の和が0.01以下のもの
2級	1 両目の視力の和が0.02以上0.04以下のもの
	2 両目の視野がそれぞれ10度以内でかつ両目による視野について視能率による損傷率が95％以上のもの
3級	1 両目の視力の和が0.05以上0.08以下のもの
	2 両目の視野がそれぞれ10度以内でかつ両目による視野について視能率による損傷が90％以上のもの
4級	1 両目の視力の和が0.09以上0.12以下のもの
	2 両目の視野がそれぞれ10度以内のもの
5級	1 両目の視力の和が0.13以上0.2以下のもの
	2 両目による視野の２分の１以上が欠けているもの
6級	一眼の視力が0.02以下、他眼の視力が0.6以下のもので、両目の視力の和が0.2を超えるもの

※視能率とは、視覚の機能障害の評価法の一種。機能が健常であれば視能率は100パーセント、視力が全くない場合は、視能率は０パーセント。

視覚障害のある人の特性

・見えない
・見えづらい

一人で移動するのが困難な人がいます。移動するときは白杖を利用しています。その他、介助者や盲導犬を伴っている人もいます。

視覚による情報がキャッチしづらいため、音声を中心に情報を得ています。また、文字の読み書きが困難です。

白杖について

視覚に障害のある人は、道路交通法第14条（盲人及び児童等の保護）で「目が見えない者（目が見えない者に準ずるを含む。以下同じ）は、道路を通行するときは、政令で定める杖を携え、又は政令で定める盲導犬を連れていなければならない」とされています。白杖を持つことが定められているのです。白杖は、視覚障害者にとって命を守る大切な道具です。他人が勝手に触ってはいけません。白杖には3つの役割があります。

・障害物に衝突するのを防ぐ
・まわりの様子を探る
・目が不自由であることをまわりの人に教える

移動支援について

1974年（昭和49年）に、身体障害者地域福祉活動促進事業に視覚障害者を対象とした盲人ガイドヘルパーの派遣が導入されました。以降、視覚障害者に対するガイドヘルプサービス事業が展開されていきます。

2011年（平成23年）10月より、移動支援事業のうち重度の視覚障害者に対する個別支援が「同行援護」として改正され、従来のガイドヘルパーも同行援護従業者養成研修を受けることが義務づけられるなど、支援技術の向上が図られることになります。2013年（平成25年）には、移動支援だけではなく、情報提供も支援内容に加えられました。

視覚障害者が同行援護サービスを利用するには、それぞれの市町村での手続きを踏み、認定されてはじめて利用することができます。1カ月あたりに利用できる「支給時間」（障害福祉サービスの量、つまり、支給量）は50時間程度で、市町村によって異なります。この時間が多いか少ないかは個人差があると思います。

例えば、公演時間が2時間のコンサートに出かけるとします。劇場までの往復の移動交通時間に1時間使い、開演の30分前に到着、2時間のコンサートを楽しみ、帰りに食事を30分したとすると、4時間使ってしまうことになります。

参考
『同行援護従業者養成研修テキスト』（同行援護従業者養成研修テキスト編集委員会 2014）
『視覚障害児・者の理解と支援』（芝田裕一 2015）

見えづらい人（弱視＝low vision）のいろいろな見え方

「見えづらい」にも、いろいろな種類があります。どのように見えづらいかによって、サポートの内容は変わってきます（次頁図版参照）。

（2）聴覚障害

音声言語を習得する前に失聴した「ろう者」、聞こえにくい「難聴者」、音声言語を獲得したあとに聞こえなくなった「中途失聴者」を総称して聴覚障害といいます。また、耳と目の両方に障害をあわせもった人を「盲ろう者」といいます。

ろう者には、手話を第一言語としている人が多くいます。また、「難聴者」と「中途失聴者」の両方を含む広い意味で「難聴者」という場合もあります。

聴力レベルは、音の強さを示すデシベル（dB）という単位を使って表し

図3-1　見えづらい人のいろいろな見え方

晴眼者が観た舞台

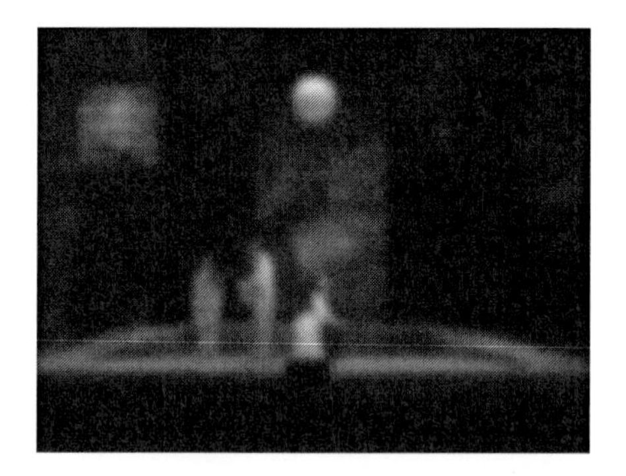

細部がよくわからない

光がまぶしい

暗いところで見えにくい

見える範囲が狭い

特定の色がわかりにくい

ます。正常聴力は0デシベル近辺で、難聴の程度が強くなるほど数値（音）が大きくなります。26 〜 45デシベルを「軽度難聴」といい、聞こえにくさは「小さな声が聞きづらい」になります。30デシベルで鉛筆による執筆音、40デシベルで図書館内の音量くらいになります。46 〜 65デシベルを「中度難聴」といい、聞こえにくさは「普通の会話が聞きづらい」になります。66 〜 90デシベルを「高度難聴」といい、聞こえにくさは「普通の会話が聞き取れない」になります。70デシベルで蝉の鳴き声、80デシベルでパチンコ店内や走行中の電車内の音量と同じくらいになります。90デシベル以上で「重度難聴」とされており、聞こえにくさは「耳元で話されても聞き取れない」になります。90デシベルでカラオケの音量、100デシベルで地下鉄構内、110デシベルで自動車のクラクション、120デシベルで飛行機のエンジン音と同じくらいの音量になります。

音量がすべての問題ではありません。音声そのものにもひずみが生じる場合があります。つまり、音としては聞こえているものの、その内容が理解できないということです。難聴には、音の「強さ」と「明瞭さ」の二つの要素があるのです。

表3-2　難聴のいろいろな聞こえ方

聞こえの程度（実際の声や音に喩えた状態）	小さな声で会話	普通の声で会話	大きな声で会話	叫び声、飛行機のエンジン音
	小さな声や囁く程度の会話を聞き間違えたり、聞き取れなかったりする。 ・木の葉の擦れ合う音 ・鉛筆による執筆音 ・図書館内	すぐ側で、ゆっくりと大きな声で話すと聞き取れる。 ・普通の会話 ・走行中の自動車内	耳元で大きな声で話すと聞き取れる。 ・蝉の鳴き声（直近） ・パチンコ店内 ・走行中の電車内	とても大きな声なら、どうにか聞き取れる。 ・カラオケ店の室内 ・自動車のクラクション（直近） ・近くの落雷
聴力レベル	軽度難聴	中度難聴	高度難聴	重度難聴
（dB）	25　30　40	50　60	70　80	90　100

聴覚障害のある人の聞こえ方がさまざまであるように、その人たちとのコミュニケーションにもさまざまな方法があります。第4章で聴覚障害のある人とのコミュニケーションについてより詳しく触れますが、ここではまずそのいくつかを簡単に紹介しておきます。

手　　話……独自の文法をもった独立した視覚言語。聴覚障害のある人のなかには、手話を話せる人もいれば、そうでない人もいます。

触 手 話……盲ろう者とのコミュニケーション方法の一つ。話し手が手話を表し、盲ろう者がその手に触れて伝えます。

弱視手話……「視力が低下している」「視野が狭い」といった視覚障害をあわせもった盲ろう者とのコミュニケーション方法の一つ。話し手との距離や手を動かす幅を調整、照明の位置や服装、背景に配慮して手話を行います。

指 文 字……手の形を50音に対応させて表します。

筆　　談……文字で書いて意思を伝え合います。聴覚障害のある人のなかには、文章の読み書きを苦手とする人もいます。難しい表現やまわりくどい言い方は避け、要点のみを明確に記入します。空間に文字を書く「空書」や手のひらに文字を書くという方法もあります。

口　　話……相手の口（唇、歯、舌、あご）の動きや表情などから話の内容を理解し、自らも発話によって音声言語で意思を伝える方法。聴覚障害のある人のすべてが口話によってコミュニケーションをとれるわけではありません。口話を習得するためには、訓練が必要です。また、「音声で話せる＝聞こえる」といった誤解を受けることもあります。

身 振 り……「たばこ」や「お金」など、日常的に使用している身振りで伝える方法。

日本の聴覚障害児・者は**341,000人**（厚生労働省「平成28年生活のしづらさなどに関する調査（全国在宅障害児・者等実態調査）」より）と推定されています。

身体障害者福祉法では、次のように聴覚障害者の範囲が定義されています。

聴覚又は平衡機能の障害で、永続するもの

1．両耳の聴力レベルがそれぞれ70デシベル以上のもの
2．一耳の聴力レベルが90デシベル以上、他耳の聴力レベルが50デシベル以上のもの
3．両耳による普通音声の最良の語音明瞭度が50パーセント以下のもの
4．平衡機能の著しい障害

表3-3　聴覚障害者の障害等級表

等級	内容
1級	――
2級	両耳の聴力レベルがそれぞれ100デシベル以上のもの（両耳全ろう）
3級	両耳の聴力レベルが90デシベル以上のもの（耳介に接しなければ大声語を理解し得ないもの）
4級	1 両耳の聴力レベルが80デシベル以上のもの（耳介に接しなければ話声語を理解し得ないもの）
	2 両耳による普通話声の最良の語音明瞭度が50%以下のもの
5級	――
6級	1 両耳の聴力レベルが70デシベル以上のもの（40cm以上の距離で発声された会話語を理解し得ないもの）
	2 一側耳の聴力レベルが90デシベル以上、他側耳の聴力レベルが50デシベル以上のもの

※日本では、聴力レベル70デシベル以上から身体障害者手帳が交付される。WHO（世界保健機関）では、41デシベルから補聴器の装用が推奨されている。

聴覚障害のある人の特性

・聞こえない
・聞こえにくい

外見からその障害に気づくことは困難です。視覚を中心に情報を得ています。声に出して話をしているからといって、聞こえているとは限りませんし、補聴器をつけているからといって、会話が通じるとは限りません。

聞こえない、ということ

劇場や文化施設という環境を想定した場合、エントランスのアナウンスが聞こえない可能性があります。そのことによって、手話や字幕が見やすい座席を事前に確認できる優先入場サービスがあることや開場時間が遅れているといった情報を受け取ることができない人もいます。ホール内では、アナウンスのほか、本番がはじまるベル音に気づかない可能性もあります。もっと重大なことは、万が一の災害時に非常ベルが鳴っていることに気づかない可能性もあるということです。聞こえない人のなかには「情報が入ってこない」と感じている人もいます。

聞こえにくい、ということ

小さな声が聞きづらいという人もいれば、普通の会話が聞き取れない人もいます。

・音の強弱（デシベル）
・音の高低（周波数＝Hz）
・個人が感じる音の大小、音質がゆがんだように聞こえる
・音は聞き取れるが内容を聞き分けるのが困難

——など、人によって聞こえ方はさまざまです。「聞こえない」や「聞こえにくい」という人のなかには口話のできる人もいます。しかし、口話ができることによって「話せる＝聞こえる」といった誤解が生じることもあります。さっきまで受付で応対していた人を後ろから呼びかけても返事をしない、といったことが生じたりします。

補聴器について

聴覚障害のある人のなかには、「補聴器」を利用している人もいます。補聴器は、聴力を回復するものではありません。聞こえる音量を大きくすることで、聞こえを助けるものです。補聴器をつけることで「相手の言っていることがわかる程度」に聞こえる人もいれば、「音があることがわかる程度」の人など、とてもさまざまです。また、周囲の環境によっても「聞こえ」の状態は変わります。「補聴器をつけている＝大きな声で話しかければ大丈夫」ではないことを覚えておいていただきたいと思います。

補聴器のなかには「テレコイル（T）」が内蔵されているものがあります。テレコイルは、もともとは固定電話に対応するための機能で、電話機が強い磁場を発生させることで、補聴器内部のコイルがその磁場を拾い、コイルを介して信号を取り出しアンプに送り、マイクを介さずにレシーバーによって耳に音を伝える仕組みです。テレコイルが内蔵されている場合、「T」モードに切り替えることで、ヒアリングループ（磁気ループ）エリア内で専用受信機として活用することができます。

人工内耳について

聞こえを担う蝸牛（かぎゅう）に電極を接触させ、聴覚を補助する器具です。人工内耳は、入院して埋め込み手術をする必要があります。手術で耳の奥などに埋め込む部分と、音をマイクで拾って耳内に埋め込んだ部分へ送る体外部とからなります（一般社団法人日本耳鼻咽喉科学会より）。

参考
『難聴者・中途失聴者のためのサポートガイドブック』(マーシャ・B.デューガン　監修／中野善達訳／栗栖珠理 2007)
『高齢者介護のための聞こえの基礎知識と補聴器装用』(公益財団法人テクノエイド協会)
http://www.techno-aids.or.jp/kyokai/hochouki_kiso.pdf
『東京大学バリアフリー支援室』
http://ds.adm.u-tokyo.ac.jp/overview/index.html

(3) 肢体不自由のある人

上肢不自由、下肢不自由、体幹不自由によって日常生活動作に困難が伴う状態にある人をいいます。

障害の部位や程度によってかなり個人差があり、日常生活にさほど困難を感じさせない人もいれば、立ったり歩いたりする動作に支障をきたすため、杖や車いす、義足、日常生活における介助を必要とする人もいます。

日本の肢体不自由のある人の数は**1,931,000人**(厚生労働省「平成28年生活のしづらさなどに関する調査(全国在宅障害児・者等実態調査)」より)と推定されています。

文部科学省の教育支援資料における定義では、「肢体不自由とは、身体の動きに関する器官が、病気やけがで損なわれ、歩行や筆記などの日常生活動作が困難な状態を言う。肢体不自由の程度は、一人ひとり異なっているため、その把握にあたっては、学習上又は生活上どのような困難があるのか、それは補助的手段の活用によってどの程度軽減されるのか、といった観点から行うことが必要である」(教育支援資料、文部科学省初等中等教育局特別支援教育課、平成25年10月)とされています。

また、国内における福祉分野の定義としては、身体障害者福祉法に次のように肢体不自由の範囲が定義されています。

肢体不自由

1．一上肢、一下肢又は体幹の機能の著しい障害で、永続するもの

2．一上肢のおや指を指骨間関節以上で欠くもの又はひとさし指を含めて一上肢の二指以上をそれぞれ第一指骨間関節以上で欠くもの
3．一下肢をリスフラン関節以上で欠くもの
4．両下肢のすべての指を欠くもの
5．一上肢のおや指の機能の著しい障害又はひとさし指を含めて一上肢の三指以上の機能に著しい障害で、永続するもの
6．1から5までに掲げるもののほか、その程度が1から5までに掲げる障害の程度以上であると認められた障害

※リスフラン関節…足の甲にある関節

肢体不自由のある人の特性

・機能障害がある

移動が困難なため、車いすに乗っている人や杖を使って移動する人、介助者や介助犬を伴っている人がいます。手指や手、腕の機能障害によって文字を書く・チケットを扱うなど、細かな手先の作業が苦手という人もいます。体温調整や話をすることが苦手な人もいます。

車いすの種類

車いすの種類には、手動で動かす車いす、バッテリーで動かす電動車いす、手動とバッテリーの兼用で動かす手動兼用型切替式電動車いす、スクーター式電動車いすなどがあります。

電動車いすの重量は、軽量のもので10キロ程度のものもありますが、重いものであれば80キロ以上のものもあります。

標準型

一番多く使われるタイプの車いすで、劇場や文化会館にも貸し出し用として用意されているケースが多いです。自走することもできれば、介助者が操作できるようにグリップやキャリパーブレーキも備わっています。素材がアルミ合金製のものであれば、重量は11キロ程度と非常に軽量です。また、折りたたんでコンパクトにできるタイプのものが多く、車のトランクなどに入れて持ち運ぶことができます。

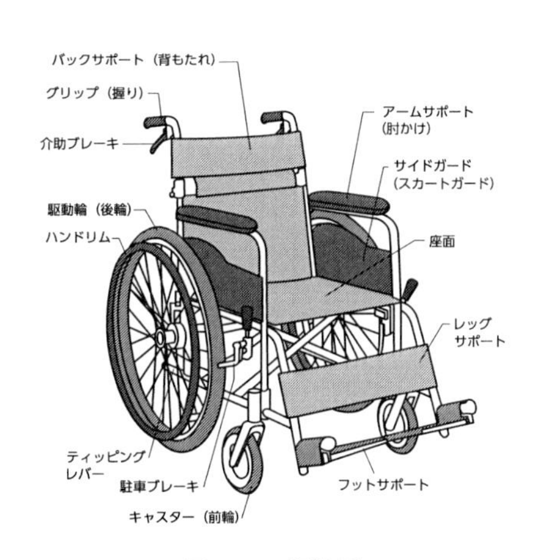

図3-2　標準型

チルト・リクライニング型

座位姿勢保持が困難な人向けの車いすです。リクライニング機能でフルフラットにできるものもあります。重量は26キロ程度の軽量なタイプもあります。

図3-3　チルト・リクライニング型

スポーツ型

スポーツをする方用の車いすです。介助者が操作するグリップ等はありません。折りたたみ式や後輪がワンタッチで外せるタイプ、振動をおさえるエアチューブタイヤのものがあります。重量は12キロ程度で軽量です。

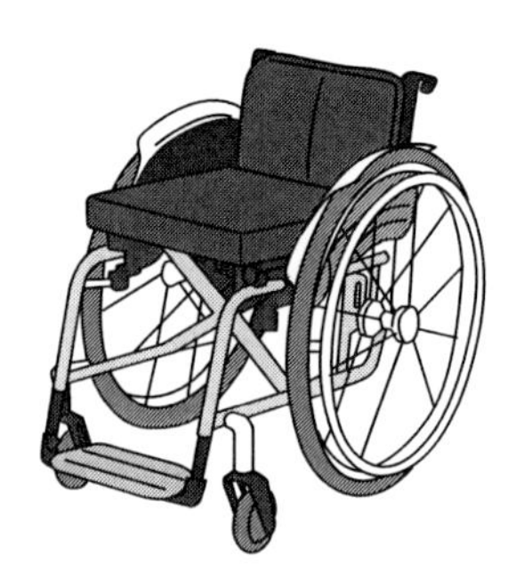

図3-4　スポーツ型

電動車いす

操作はジョイスティックレバーで行うものが大半です。搭載されるバッテリーによって充電時間や1回の充電で走行できる距離、重量が変わります。最近は軽量化が進み、本体重量は16～30キロのものがあります。これに、バッテリー重量（3～5キロ）が加わります。なかには、折りたたみ式で持ち運びできるタイプのものもあります。

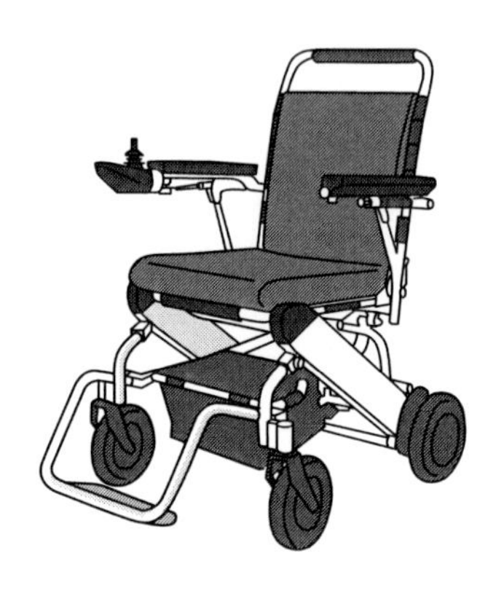

図3-5　電動車いす

（4）補助犬

「盲導犬」「聴導犬」「介助犬」の3種の犬の総称を「補助犬」といいます。

盲導犬は、視覚障害のある人の移動を助けてくれます。体にハーネスという胴輪をつけているのが特徴です。

聴導犬は、聴覚に障害のある人に車のクラクションやチャイムの音、非常ベルなどが鳴っていることを教えてくれます。

介助犬は、肢体不自由のある人のサポートをしてくれる犬で、物を拾ったり、ドアを開けたり、着替えを手伝ったりしてくれます。聴導犬と介助犬は、外出時にそれぞれ「聴導犬」「介助犬」と書かれた胴着をつけています。

全国の補助犬実働頭数は、盲導犬は**950頭**、聴導犬は**75頭**、介助犬は**71頭**（厚生労働省「平成29年度4月　身体障害者補助犬実働頭数」結果より）といわれています。

補助犬貸与の主な条件は、次のとおりとされています。

- 18歳以上で身体障害者手帳を持っている
- 補助犬との4週間の合同訓練を行える
- 補助犬を、愛情をもって飼育できる

図3-6　聴導犬と介助犬

参考

特定非営利活動法人日本補助犬情報センター
https://www.jsdrc.jp/hojoken/
公益財団法人日本盲導犬協会
https://www.moudouken.net

(5) 発達障害・知的障害のある人

発達障害と知的障害は、広い意味で精神障害に含まれる「脳の障害」とされています。それぞれは別の障害ですが、知的障害のある人のなかには、発達障害もあるという人が珍しくありません。発達障害のある人のなかにも稀に知的障害のある人がいます。

図3-7　発達障害と知的障害者との関係

発達障害とは

生まれつき脳の機能に障害があり、自閉スペクトラム症（ASD）、注意欠陥・多動性障害（ADHD）、学習障害（LD）、チック障害、吃音などのタイプに分類され、同じ人にいくつかのタイプが併発することも珍しくありません。発達障害は「社会性」、「コミュニケーション」、「想像力」の3つの障害といわれています。

学校の通常クラスへ通学する児童の6.5%がなんらかの発達障害があると推計されています（文部科学省「通常の学級に在籍する発達障害の可能性のある特別な教育的支援を必要とする児童生徒に関する調査」（平成24年）より）。

広汎性発達障害（自閉スペクトラム症（ASD））の特性

・対人関係やコミュニケーションが困難
・興味や行動の偏りが見られる

注意欠陥・多動性障害（ADHD）の特性

・活動に集中できない
・気が散りやすい
・ものをなくしやすい
・順序立てて活動に取り組めない
・じっとしていられない（待つことが苦手）

学習障害（LD）の特性

・「読む」「書く」「話す」「計算する」などが困難

知的障害とは

医学的には、概ね18歳未満で現れる、IQ70以下の知的機能の遅滞がある、生活上の適応機能に制限がある、の３つの条件が診断基準とされています。

福祉制度上では、「知的障害者福祉法」という法律の下に療育手帳等の仕組みが制度化されていますが、法律のなかでも知的障害は定義されていません。福祉サービスの対象とするか否かが知的障害であるかどうかを決定しているのが現状です。

日本の知的障害者数は、**741,000人**（内閣府「平成28年版障害者白書」）と推計されています。

知的障害のある人の特性

・意思伝達、自己管理、家庭生活、社会･対人技能、自律性、学習能力、仕事、健康管理などの適応機能に制限がある

暗いところや、大きな音が苦手だったり、環境に慣れるまで時間がかかる人がいます。不安やコミュニケーションがうまくとれないことが原因で、突然大きな声を出したり、走り回ったり、問題行動を起こす場合があります。

参考
『スウェーデンの知的障害者　その生活と対応策』（河本桂子 2006）
『自閉症の僕が飛び跳ねる理由　会話のできない中学生がつづる内なる心』（東田直樹 2007）
『新・事例で学ぶ　知的障害者ガイドヘルパー入門　行動援護・移動支援のために』（編集　上原千寿子、松田泰 2009）
『天才と発達障害　映像思考のガウディと相貌失認のルイス・キャロル（こころライブラリー）』（岡南 2010）
『ゼロから教えて発達障害』（小野寺敦子 2012）
『行動援護従業者養成研修　受講者用テキスト』（強度行動障害支援者養成研修（基礎研修）プログラム作成委員会 2015）
『知的障害・発達障害のある人への合理的配慮　自立のためのコミュニケーション支援』（坂爪一幸、湯汲英史 2015）
『発達障害の僕が輝ける場所をみつけられた理由』（栗原類 2016）

（6）内部障害

身体内部の臓器になんらかの障害があることを指します。身体障害者福祉法で以下の７つが定められています。

・心臓機能障害
・腎臓機能障害
・呼吸器機能障害
・膀胱・直腸機能障害
・小腸機能障害
・ヒト免疫不全ウィルス（HIV）による免疫機能障害
・肝臓機能障害

――いずれも、外見からは障害や疾患があることがわかりにくいのが特徴です。

日本の内部障害者数は、**1,241,000人**（厚生労働省「平成28年生活のしづらさなどに関する調査（全国在宅障害児・者等実態調査）結果」より）と推定されています。

身体障害者福祉法による内部障害の範囲は次のとおり定義されています。

心臓、じん臓又は呼吸器の機能その他政令で定める障害で、永続し、かつ、日常生活で著しい制限を受ける程度であると認められるもの

内部障害のある人の特性

・外見からはわかりにくい
・疲れやすい
・急激な運動行為が制限されている
・心臓機能障害のある人のなかには、ペースメーカー等を使用していることから、電波の影響を懸念されている人もいる
・呼吸器機能障害のある人のなかには、酸素ボンベを携帯していて、たばこの煙が苦手という人もいる
・膀胱・直腸機能障害のある人のなかには、トイレに不自由されている人もいる

参考

東京都福祉保健局　心のバリアフリー　つながるやさしさハートシティ東京
http://www.fukushihoken.metro.tokyo.jp/tokyoheart/index.html
東京大学　バリアフリー支援室
http://ds.adm.u-tokyo.ac.jp

(7) その他の障害

統合失調症や躁鬱病、非定型精神病、てんかん、中毒精神病（アルコール依存症など）、器質精神病（精神遅滞を除く）、その他の精神疾患（発達障害を含み、精神遅滞を伴う場合を除く）、神経症性障害、ストレス関連障害、食行動異常、睡眠障害などといった精神疾患・精神障害等があります。精神障害者数は、年々増加し「平成25年度障害者白書（内閣府）」では、**3,201,000人**と推定されています。

神経症の範疇とされる傷病では、パニック障害や強迫性障害、PTSD、身体症状症（旧、身体表現性障害）、適応障害などがあります。

パニック障害…強い不安を感じる発作を繰り返す
強迫性障害…「手に菌がついている」と思い込んでしまい、何時間も手を洗わないと気が済まない
ＰＴＳＤ…強いストレスが加わったときに起こる外傷後ストレス障害
身体症状症…身体的異常や検査結果がないにもかかわらず、痛みや吐き気、しびれといった症状が長い期間にわたって続く病気
適応障害…ストレスになるできごとに対して、抑うつ気分や不安、素行の障害などが生じる障害

これらさまざまな症状は、困難に直面する、また強いストレスを感じることで脳と心に「疲れ」が生じて発生します。その特性には、「疲れやすい」「落ち込みやすい」「些細なことが気になる」「不安になりやすい」「気力がなくなって何もできなくなる」「人と会うのが怖くなる」「電車に

乗れない」などがあります。

参考

『精神障害者の相互支援システムの展開　あたたかいまちづくり・心の樹「JHC板橋」』（寺谷隆子 2008）
『「ひきこもり」経験の社会学』（関水徹平 2016）
『「コミュ障」の社会学』（貴戸理恵 2018）
『精神障害者差別とは何か』（グラハム・ソーニクロフト、監訳 青木省三、諏訪浩 2012）
厚生労働省　知ることからはじめよう　みんなのメンタルヘルス
https://www.mhlw.go.jp/kokoro/index.html
ICD（疾病及び関連保健問題の国際統計分類）10　第５章　F00――F99　精神及び行動の障害
http://www.dis.h.u-tokyo.ac.jp/byomei/icd10/F00-F99.html

特性にそくしたサービス

……………基本技能

第4章

1. 視覚障害のある人を案内する

受付から座席まで案内する、座席に座ってもらう、お手洗いに案内する、といった劇場・ホールで想定される基本的な案内方法をご紹介します。

※視覚障害のある人への案内については、同行援護従業者養成研修基本課程と応用課程を修了したこと、同行援護従業者養成研修テキスト（同行援護従業者養成研修テキスト編集委員会 2014）、ならびに運営現場で視覚障害のある人たちの手引き（案内）を実践してきた経験を元にしています。

基本姿勢

・基本的には、白杖を持っている手の反対側の手で自分の肘の少し上を持ってもらいます。持ち方は、親指が外側、他の４本は内側になるように握ります。
・持たれている腕は力を入れず、リラックスした状態にします。
・案内する人は、視覚障害のある人の半歩前を歩くことになります。
・視覚障害者を引っ張る、後ろから押す、などをしてはいけません。
・案内する人が白杖に触って、段差や壁などの場所を伝えることをしてはいけません。

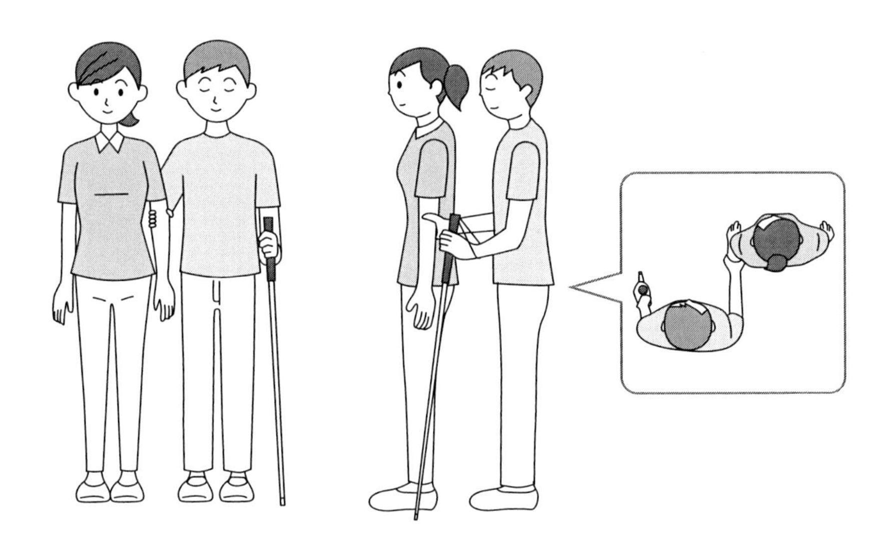

図4-1　案内するときの基本姿勢

歩く、止まる、曲がる

・歩きはじめるときは、「では、行きましょうか」というように声をかけます。
・歩きながら、歩く速さを本人に聞いて確認します。
・歩くときは、道に２人分の幅が必要であることを意識して歩きます。
・歩いているときは、まわりの様子を伝えるようにします。
・点字ブロックがあるからといって、その上を歩く必要はありません。
・止まるときは、何も言わずに止まっても視覚障害のある人も一緒に止まりますが、なぜ止まるのか、ということを伝えてあげたほうが親切で視覚障害のある人も安心します。
・曲がるときも同じで、どちらに曲がるかを事前に伝えると安心できます。
・方向転換するときは、向きを変えることを視覚障害のある人に伝えてから、視覚障害のある人を中心にして方向転換します。

スロープ

・スロープののぼり／くだりは、「のぼりのスロープです／くだりのスロープです」というように必ず伝えます。
・スロープが終了したら、「スロープ終了します」と伝えます。

狭い場所を通る

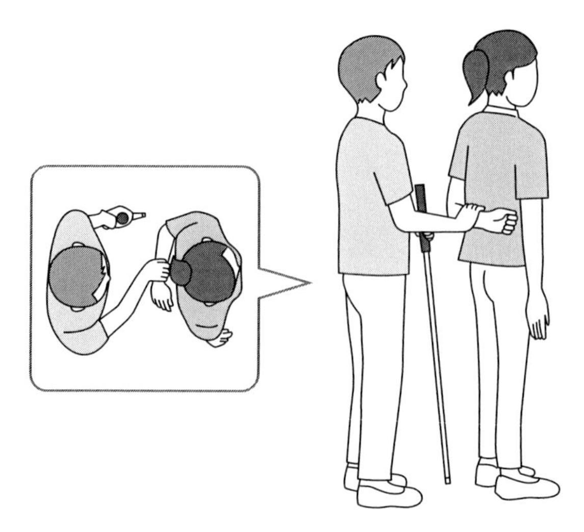

図4-2　狭い場所を通るとき

・二人で並んで通ることができない場所は一列になります。
・「狭い場所を通るので一列になってください」と一列になることを伝え、握ってもらっている腕を後ろに回し、視覚障害のある人の前に出ます。
・通過し終わると、「通過しました」と伝えて元の姿勢に戻ります。

席と席の間を通る

・劇場には、もっと狭いところがあります。それは、客席と客席の間です。その場合、横歩きになります。
・一列では通れないくらい狭い場所であることを伝え、横一列になります。基本姿勢では、案内する人が半歩前にいますが、このときは横に一直線に並びます。
・小さめの歩幅で横歩きをして移動します。
・通過し終わったら、「通過しました」と伝えて元の姿勢に戻ります。

扉を開けて通る

・劇場のホール扉は防音扉を使用しているため、普通の扉よりも重く、開閉に力が必要です。視覚障害のある人を案内しているときは、できるだけ他のスタッフに扉の開閉をお願いします。それ以外の扉は、案内スタッフが開閉します。
・扉を通過するときに気をつけることは、視覚障害のある人が扉に体をぶつけないようにすることです。
・扉を通過するときは、「押して開く扉です」「引いて開く扉です」「引き戸です」など、ドアの種類を伝えます。
・握ってもらっている腕と反対側の手で扉を開きます。
・扉を押さえたまま、視覚障害のある人を誘導して通過します。このときのコツは、「脇を締めること」です。視覚障害のある人と離れていると、通過するのが困難です。
・通過し終わったのを確認して扉を閉めます。

階段をのぼる、くだる

・階段には垂直に近づきます。
・手すりがあるときは、案内するスタッフが手すりを持ちます。
・できるだけ階段の１段目に近づき、一旦止まります。
・「これからのぼりの階段です」「これからくだりの階段です」というように、のぼりの階段かくだりの階段かを伝えます。
・視覚障害のある人がいる側と反対側の足を１段目の階段にあげ（おろし）、視覚障害のある人に段差を認識してもらいます。
・視覚障害のある人が階段をあがる（くだる）リズムに合わせて、案内する側も階段をのぼり（くだり）ます。
- 視線は、視覚障害のある人の足元を見るようにします。
- 視覚障害のある人が最後の段に足をかけたときに、「終わりです」と声をかけます。
- 案内側は、のぼりきった（くだりきった）場所で足を揃えて、視覚障害のある人がのぼりきる（くだりきる）のを待ちます。
- のぼり（くだり）終わったら一旦止まり、再び動きだすときに「行きますね」と声をかけます。

座席に座る

- 座席に座るには、座席への誘導が大切になります。ポイントは、自分ではなく、視覚障害のある人が座りやすいポジションに誘い込むことです。
- 多くの劇場の場合、ホール客席に案内するときは階段状の客席通路を通って案内することになります。
- 階段をのぼる、くだるの手順で座席がある列まで誘導したら止まります。
- 座席が視覚障害のある人の右側になるのか、左側になるのかを伝えます。
- 席と席の間を通る手順で座席の前まで誘導します。
- 「失礼します」と声をかけてから、握ってもらっている腕と反対側の手で視覚障害のある人の手に触れて、座席の背もたれ、座面を触ってもらいます。
- ホールの座席は、ほとんどが跳ね上げ式になっているので、座面を触ってもらうときに跳ね上げ式であることを伝えます。肘掛けがある場合は、そのことも伝えます。
- 背もたれや座面を触ることができると、視覚障害のある人は着席することができます。
- 着席したあとに、座席位置がどの辺りなのかを伝えます。また、公演中に気分が悪くなるなど、何かあれば手をあげてもらうようにお願い

　　しておきます。
・公演終了後には、スタッフが迎えに来ることも伝えます。

トイレに案内する

・トイレにある洗面台の場所や水の流し方、石鹸の位置、ハンドドライヤーがある場所を伝えます。そこから個室トイレや小便器までの行き方を案内します。

個室のトイレの場合

・普通の個室トイレのほか、車いす用や多目的トイレがある場合、どちらを利用するかを確認します。基本は、普通の個室トイレに案内します。
・洋式トイレと和式トイレがある場合も、どちらを利用するかを確認します。

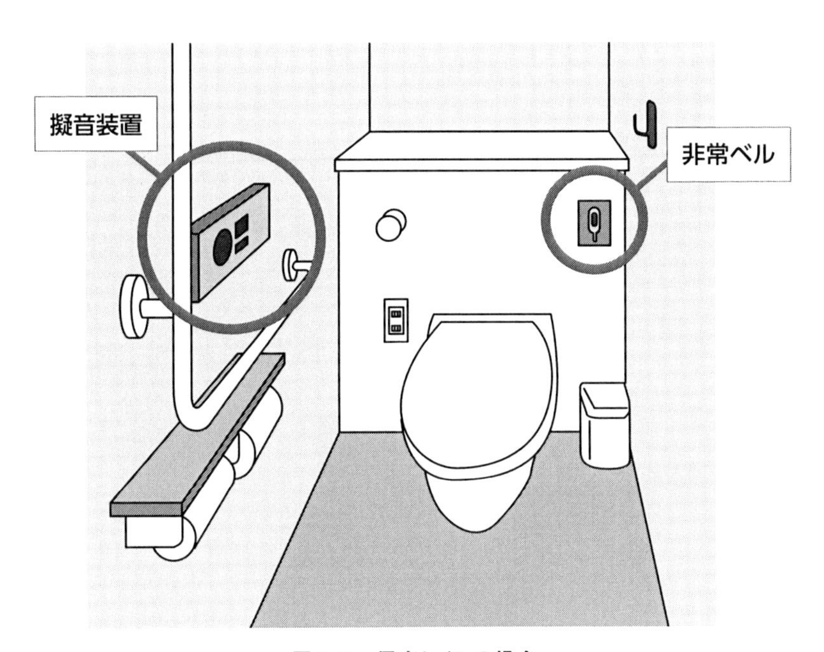

図4-3　個室トイレの場合

・洋式トイレの場合、便座の形状がO型かU型かを伝えます。
・扉の開け方、閉め方、鍵の掛け方、外し方、便座の位置、便器の向き、トイレットペーパー、水洗レバー、非常ベル、ゴミ箱の位置を伝えます。
・ウォシュレットやトイレ用擬音装置がある場合は、その位置と操作方法も伝えます。
・トイレの最中、案内したスタッフがどこで待っているのかを伝えます。

小便器の場合

・男性に小便器を案内する場合、手すりが設置されているタイプがあれば、そちらに案内します。
・便器の形状が縦に長いものか、短いタイプのものかを伝えます。
・水洗ボタンの位置を伝えます。自動で水の流れるタイプの場合は、自動であることを伝えます。

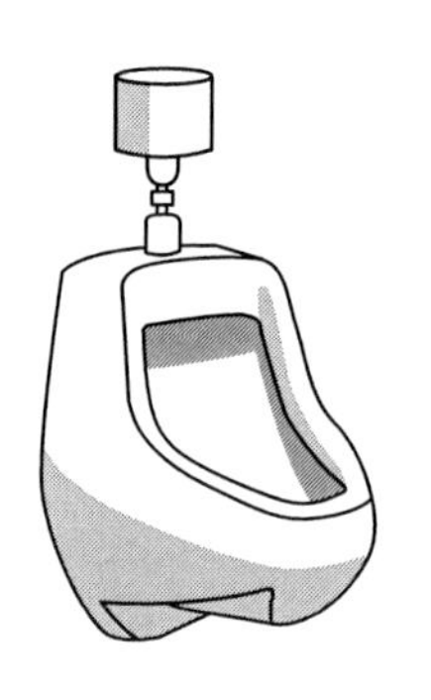

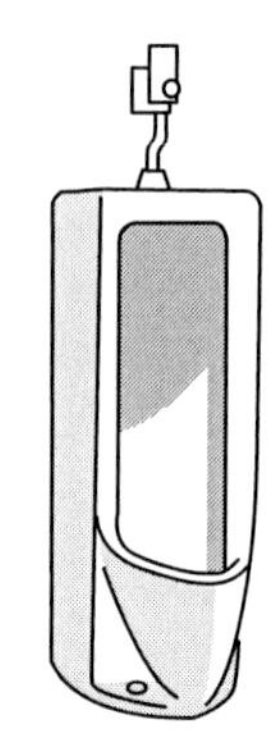

図4-4　小便器の場合

トイレ終了後

・トイレ終了後、洗面台まで移動するときに衛生面を考えて肘を持たない人もいます。その場合、どのように案内すればいいかを確認します。手を添えて誘導したり、口頭で指示したりする方法があります。

エスカレーター

図4-5　エスカレーターの場合

・エスカレーターは、もっとも難易度の高い案内の一つです。
・乗る前に、上りのエスカレーターか、下りのエスカレーターかを伝えます。
・正面から垂直にエスカレーターに近づき、エスカレーターの直前で止まります。
・「失礼します」と声をかけてから、握ってもらっている腕と反対側の手で視覚障害のある人が白杖を持っているほうの手を触ってエスカレーターのベルトに触れてもらいます。
・ベルトを支えに視覚障害のある人はエスカレーターに乗ります。そのとき、案内する側は、半歩後ろのポジションになります。
・エスカレーターに乗せたあとは、視覚障害のある人の一段前に移動します。
・エスカレーターが終わるときにタイミングよく「終わりです」と声をかけて歩きはじめます。
・幅の狭い一人乗り用のエスカレーターの場合は、先に視覚障害のある人を乗せます。乗せたあと、案内する人が声をかけてから視覚障害のある人を追い越して、一段前に移動します。

2.聴覚障害のある人とのコミュニケーション

聴覚障害は、コミュニケーション障害であるともいわれています。聴覚障害のある人とのコミュニケーションの基本は「目を合わせる」ことです。その上で、

・手話
・指文字
・筆談
・空書（そらがき）（空中に文字を書くこと）
・口話（こうわ）
・身振り

――など、相手がどのようなコミュニケーション方法を必要としているのかを確認します。どれかひとつあればいいというものではありません。聴覚障害の種別や程度、聴覚障害が生じた時期や受けてきた教育などによって、一人ひとりコミュニケーション方法は異なります。話す相手や場面によってさまざまなコミュニケーション方法を組み合わせることがポイントです。

手話

手の位置・形・動き・表情などを組み合わせて意味を伝える視覚言語で、独自の文法をもった独立した言語です。同じ手の動きでも、いろんな意味をもつ単語があります。例えば「夏」「南」「暑い」は、同じ動きで表現します。
また、音声の日本語が時代や状況によって変化していくのと同じように、手話も変化していきます。例えば、「トイレ」を表す手話の表現には、手を洗うように擦り合わせる表現もあれば、指でWCと表現する方法もあります。時代によって、どんどん新しい手話が生み出されています。

運営現場では、受付まわりや会場案内スタッフに手話通訳者を配置しておくという方法があります。しかし、常に自分のまわりに手話通訳者がいるとは限りません。そこで、劇場で使えそうな簡単な手話をほんの少しだけ学び、実践に備えます。

ただし、聴覚障害のある人がすべて手話を使うわけではないので、下記に紹介するさまざまなコミュニケーション方法を組み合わせ、「伝える」工夫をしていただければと思います。

運営現場における簡単な手話の紹介

解説は右手ベースになっていますが、左利きの方は鏡向きで表現してください。

あいさつ

立てた両手の人差し指を胸の前で向かい合わせ、お辞儀するように同時に曲げる。

ありがとう

左手の甲に右手の小指側を垂直にあて、上にあげる。

お願い

頭を少し下げながら、指先を上に向けた右手を顔の前から前方へ出す。

ごめんなさい

右手の親指と人差し指の指先を眉間にあて、次に右手の指先を上に向け、頭を少し下げながら右手を顔の前から前方へ出す。

図4-6　運営現場における簡単な手話

さようなら

指を広げた右手の手のひらを前に向け振る。

わかる

右手の手のひらを胸に2回あてる。

（一緒に）行く

両手の人差し指の指先を前に向け、左右から引き寄せてつけ、前方へ動かす。

わからない

右手の指先で胸の脇のあたりを2回ほど払いあげる。

手話

両手の人差し指の指先を向い合せる形で上下におき、前方向へ円を描くように回す。

通訳

立てた親指を口元で左右に動かす。

筆談

つまんだ親指と人差し指（ペンを持った形）の指先を左の手のひらにのせ、そのまま前後に動かす。

待つ

右手の人差し指、中指、薬指、小指を付け根から軽く曲げ、指の背をあごの下にあてる。

エレベーター

左の手のひらに右手の人差し指と中指を立ててのせ、上にあげる。

階段

右手の人差し指、中指、薬指、小指を付け根から軽く曲げ、段を描きながらあげていく。

受付

水平に伸ばした左の手の前に、指先を下に向けた右手をつける。

スタッフ

親指と人差し指と中指を伸ばした右手（指文字の「ス」）を左胸にあてる。

トイレ①

両手の手のひらを合わせ、手を洗うようにすり合わせる。

トイレ②

右手の中指、薬指、小指で「W」、親指と人差し指で「C」の形をつくる。

お金

右手の親指と人差し指で丸をつくり、軽く振る。

おつり

左の手のひらに軽く曲げた右手をのせ、削るように手のひらの上を滑らせながら手前に引く。

チケット

両手拳の親指を付け合わせて、反対側に手首をひねる。次に、コの字にした両手の親指と人差し指を向かい合わせ、長方形の形をつくる。

字幕

左手は甲を見せる向きで胸の前におき、右手の親指と人差し指を左手の甲の下部につける。

補聴器

右手の人差し指を軽く曲げ、右耳にかけるようにあてる。

アンケート

右手親指（指文字「ア」）の指先をこめかみにつけ、はじくように前方へ動かす。次に、両手の人差し指の指先を前に向け、四角い紙の形を描く。

時間

左手首を右手の人差し指で指さす。

まだ

左手は指先を前に向け、右手の指先を左手の手のひらに向けて上下に振る。

満席

両手の指の背を付け合わせて、水平に円を描くように動かす。

非常口

両手の人差し指、中指、薬指の指先を向かい合わせ、左右に開く（漢字の「非」の形）。右手人差し指で口の周りに円を描く。

［手話解説　金子真美、田村 梢］

ここで紹介した手話は、ごく一部です。この手話を覚えておけば大丈夫、というものでは全くありません。この手話が、少しでも聴覚障害のある人とのコミュニケーションのきっかけとなり、さらには手話を学んでいくきっかけになればと思います。

指文字

手の形を50音に対応させて表します。濁音「゛」や半濁音「゜」、促音「ッ」、拗音「ャ、ュ、ョ」、長音「ー」も表すことができます。例えば「芝居」であれば「し・ば・い」と一文字ずつ表現することになります。インターネット上にもたくさんの指文字表が無料で配布されていますので、ご覧になってみてください（下記参照）。

このほか、数詞やアルファベットも手の形で表す方法があります。

参考

NHK手話CG
https://www2.nhk.or.jp/signlanguage/syllabary.cgi
幼児の学習素材館　ちびむすドリル　指文字表
https://happylilac.net/pdf/yubimoji-a4.pdf
電脳文化会館　香聾館　手話教室
http://blue.ribbon.to/~korokan/jsl/yubimoji.pdf

筆談

「筆談」と聞くと、紙とペンを用いたアナログな方法をイメージするかもしれません。最近では、ブギーボードと呼ばれるペーパーレスな電子メモパッドもあれば、タブレットやスマートフォンを活用するといった方法もあります。一方、手のひらに文字を書く方法もあります。

筆談は、口話と併用して用いることもあります。口の動きが似ている言葉は区別がつきにくいため、他の言い回しに変えることがありますが、筆談を併用して伝えると、より正確に伝えることができます。

筆談によるコミュニケーションのポイント

・素早く、簡単に、読みやすい字で

劇場や文化施設で筆談対応するとき、どうしても「接客」ということから丁寧な言葉遣いで手紙のように書く人もいますが、筆談で重要なのは、要件を素早く簡潔に伝えることです。デスマス調にしなくても大丈夫です。

例えば、終演予定時間を聞かれた場合、「終演の予定は、20時頃となっております」から「20時予定」と短時間で簡潔に書いて伝えます。時間を短くするために、慌てて略字にはしません。読みやすい字で端的に書きます。

・紙の向き

受付など、机越しに対応している場合は、記入後に紙やブギーボード、タブレットなどを相手が読みやすいように上下ひっくり返して提示します。相手の横に移動できる場合は、並ぶ形で筆談するという方法もあります。会話が続く場合は、記入ごとに紙を回す手間が省ける分、横に並んで対応するほうがはかどります。

・相手に書いてもらう

手話の読み取りができないなど、相手に筆談をお願いする場合があります。その場合は、紙に書いてもらうようお願いして筆記用具やブギーボード、タブレットなどを渡します。

・アプリの活用

タブレットやスマートフォンのアプリには、たくさんの筆談アプリが無料で用意されています。自動的に対面式で筆談ができるアプリもあれば、音声を自動的にテキストで入力してくれるアプリもあります。

音声自動入力のアプリを活用する場合に気をつけたいことは、誤入力があることを認識しておくこと、アプリの動作が通信電波状況に左右されるかどうかを確認しておくこと（圏外で使えるかどうか）、相手に筆談をお願いする場合を想定した手書きモードが選択できるかどうかを確かめておくことです。これらを確認したうえでアプリを活用していくことは、運営現場ではとても有効です。

・個人情報への配慮

受付業務では、チケットの紛失対応などで個人情報を確認するといったことも想定されます。そのときの筆談では、できるだけブギーボードやホワイトボードを活用するとよいでしょう。データ照合が終了したあとに、相手の目の前で個人情報を消し、残さないようにします。

以下は、運営現場で想定される対応例です。会場案内スタッフは、ぜひ一度、筆談対応を想定したロールプレイングを実施してください。

普通

・お手洗いはどこですか？
・公演は何時からですか？
・自動販売機はありますか？

やや急ぎ

・スマートフォンを落としました
・気分が悪いです

緊急

・子どもとはぐれました
・火事の火元を発見しました

空書（そらがき）

空間に、利き手のひとさし指で文字を書くことを空書といいます。このとき、鏡文字にする必要はなく、自分から見て読めるように書きます。大きくわかりやすく書きます。

口話

口話には、唇の動き、形から相手の言っていることを読む「読話」、自らの音声を発することで意思伝達を行う「発話」があります。「補聴器をつけているから理解している」や「会話が成り立っているから完全に読話できている」ということでは決してありません。読話には、限界があります。例えば、「たまご」と「たばこ」の口の形は同じです。話の内容が伝わっているかどうかを確認しながらコミュニケーションをとるだけでなく、相手が確認できるように、口の動きが似ている言葉はできるだけ身振りをつけたり、他の言い回しでも伝えたり、手のひらに文字を書いたり空書を併用して伝えるという工夫が大切です。

口話によるコミュニケーションのポイント

・口元を見せる

マスクは絶対にとってください。マイクを使用する場合は、マイクで口元が隠れないようにします。資料を持って話をするときは、資料で口元が隠れないようにします。相手に口の動きが見えるように、正面からはっきり話すようにします。少しゆっくりめに話すのは構いませんが、極端にゆっくりすぎると、かえって伝わりにくくなる場合があります。文節で区切って話すと伝わりやすくなります。

・音声以外の視覚的情報を活用する

顔の表情や身振り、手のひらに文字を書くなどして、口の動き以外の視覚的情報を併用します。同時に2箇所を見ることはできませんので、手のひらに書いた文字を見てもらっている間は話すのをやめ、再び相手が自分の口元を見ているのを確認してから話しだします。

・一人ずつ話をする

複数人がいる場所で話をするときは、はじめに話をする人が手をあげるなどして、相手に話をする人の居場所を示してから話しはじめます。同時に複数人が話す、会話が早いテンポでの掛け合い、といった状況では口元を読むことができません。

・十分な明かり

ホール内は、思ったより暗い場合があります。十分な明かりが確保されているところで話すようにします。

参考

『すぐに使える手話パーフェクト辞典』（米内山明宏　2012）
『持ち歩き　やさしい手話の本』（豊田直子　2015）
東京大学バリアフリー支援室
http://ds.adm.u-tokyo.ac.jp/overview/index.html

移動・情報・コミュニケーション

……………… 鑑賞サービスの基礎知識

第5章

1.鑑賞サービスの種類

鑑賞サービスとは、より多くの人が舞台芸術を鑑賞できるようにするための工夫です。鑑賞サービスは、「情報や場所に到達するまでの接続・移動」「鑑賞時の情報」「意思疎通のためのコミュニケーション」の3つに分けられます。

鑑賞サービス

1 「情報や場所に到達するまでの接続・移動」サービス
2 「鑑賞時の情報」サービス
3 「意思疎通のためのコミュニケーション」サービス

この3つのサービスをトータルにデザインして提供することで、だれもが参加できる環境をつくっていきます。大切なのは、3つのサービスを総合的にみることです。移動障害のある人のためにスロープを用意したからといって、情報障害のある人たちが公演内容をより理解できるようになるわけではありません。字幕や手話といった情報サービスを充実させても、それを必要とする人が一人も来なかったという結果になることもあります。コミュニケーションのサービスがなかったために、残念な気持ちで帰ってしまう人がいるかもしれません。

ここでは、3つの鑑賞サービスの具体的な例をいくつか紹介します。

(1)「情報や場所に到達するまでの接続・移動」サービス

公演情報を受け取り、自宅や施設から劇場・ホール、客席に到達するまでのサービスをさします。

情報を届ける――届け方を工夫する

障害のある人のなかには、劇場や文化施設が一般的に実施している広報手段では情報が届かない人もいます。まずは、地域の障害のある人たちが、「どのようにして情報を手に入れているのか」をリサーチする必要があります。そのうえで行政の福祉課や社会福祉協議会、地域の福祉団体などと連携し、直接情報を届ける方法を探すことが必要になってきます。

一般的なチラシでは、読めなかったり、見られなかったりして情報が届きにくいこともあります。届ける先に応じて、届きやすい形に変える工夫も必要になります。

点字チラシ――情報の掲載順序に気をつける

視覚障害のある人に情報を残すために、点字チラシを作成して情報を届けるという方法があります。留意しなければならないことは、視覚障害者だからといって点字を読めるとは限らないということです。視覚障害のある人のなかでも、点字を読める人の割合は1割程度だといわれています。それでも、点字があるおかげで情報が届き、その情報を読み返すことができる人がいるということも留意しておく必要があります。

点字は、ひらがな表記が基本です。そのため、同じテキストでも点字にすることで文字数は増えます。一般の墨字チラシ（点字に対して用いる普通に書いてある印刷文字）ならA4サイズ1枚に収まる情報でも、点字チラシになると複数枚になることもあります。

私たちが一般的にチラシを作成するとき、見てほしいキャッチコピーや開催日時、開催場所など、目に留まってほしい情報は大きくする、太くするなどして目立たせます。情報の受け取り側も、大きな文字や太い文字で書かれた情報から順番に情報を受け取ります。

しかし、点字の場合は一番上から一文字ずつ読んでいくことになります。散々読んだあとに、開催日時の情報が出てきて、その日は都合が悪いということに気づく、なんてこともあります。点字にするときは、伝えたい情報をできるだけ最初にもっていきます。情報が多すぎる場合は、必要最低限の情報を点字にして、あとは口頭や音声で伝えるといった工夫も必要になります。

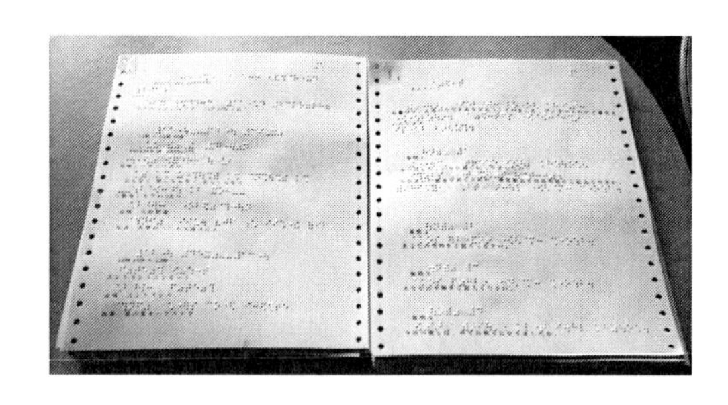

図5-1　点字チラシとアンケート

音声コード付きチラシ――Uni-Voiceの活用

音声コードは、日本で開発された新しい技術です。印刷物に記載された文字情報を約2㎝四方の高密度二次元コードに変換させたもので、専用の読み取り装置を使用することで、コード内に記録された情報を音声で取得することができます。

読み取り専用装置で読み取るコードを「SPコード」、スマートフォンなどのアプリを使用して読み取るコードを「Uni-Voice」といいます。

格納できる情報は、一つのコードで約800文字です。視覚障害のある人だけでなく、高齢者や外国人へのサービスとしても活用されています。

音声コードは、印刷物の右下に配置します。音声コードがある位置の横に半円の切り込みをいれて、視覚障害者が触覚でその位置を把握できるようにしています。両面に音声コードがある場合は、半円の切り込みを2つ上下に並べていれます。音声コード内に「両面に音声コードがある」ことをいれている場合は、半円の切り込みはひとつだけでもかまいません。

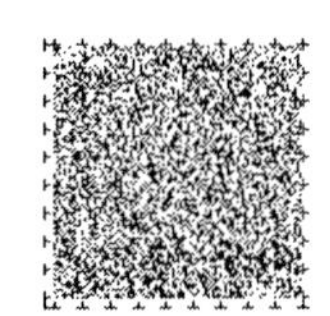

※これは音声コード「Uni-Voice」です。
機器やスマホアプリで読み取ると、情報を音声で聞くことができます。

図5-2　Uni-Voiceの活用

かんたんチラシ——読める漢字で書かれているか

発達障害や知的障害のある人のなかには、難しい言葉や表現、漢字が苦手という人もいます。そこで、使用する漢字を小学2年生程度で習う漢字までにしたり、漢字にルビを振ったり、できるだけ簡単な言葉や表現にした「かんたんチラシ」をつくることで情報が届きやすくなることがあります。

マークや記号、ピクトグラフ（絵文字、象形文字）を活用するのも有効です。

参考
常用漢字チェッカー
https://joyokanji.info/year.html?js=2

白黒反転——書体にも配慮する

ロービジョン（弱視）の人のなかには、白黒が反転している文字のほうが見やすいという人もいます。また、明朝体よりもゴシック体のフォントのほうが読みやすいという人もいます。

白黒反転のチラシやキャプション、ホームページをつくる場合、単純に白黒を反転するだけでなく、フォントも可読性や視認性の高いものを選び、拡大字を選べるようにすることで、より伝わりやすい情報に変わります。

図5-3　白黒反転のチラシ

情報を届きやすい形に変える工夫を紹介しましたが、ポイントは、必要に応じてそれぞれチラシを別につくることです。一つのチラシに、ルビや点字、白黒反対、拡大字などの要素を盛り込んでしまうと、結局はだれにとってもわかりにくい、情報が伝わりにくいものになってしまいます。

人によって受け取りやすい情報の形はさまざまです。その人に届く形に変換する工夫が大切です。

アクセス情報──使える設備もしっかり伝える

車いす利用者や視覚障害のある人など、移動障害のある人が来場するには、障害者優先駐車場やエレベーター、エスカレーター、手すり、スロープ、点字ブロック、音声案内、多目的トイレなど、ハード面の整備があると安心です。しかし、これらの設備は、劇場・ホールによってさまざまであり、すぐにどうこうできるものではありません。また、いくら恵まれた設備があっても、そのことを利用する人たちに事前に情報として届けていなければ、宝の持ち腐れになってしまいます。

今あるハードが活用されるかどうかは、その設備の存在を情報としてしっかり届けられるかがポイントになります。

アクセスマップ──バリアフリー・マップの作成

車いすや視覚障害のある人、ベビーカーを押している人、妊婦、高齢者などが最寄り駅から劇場・ホールまで安全に、安心してたどり着くことのできるバリアフリー・マップを作成します。どのルートを通れば段差のない道でたどり着くことができるのか、といったようなものです。

作成したバリアフリー・マップは、ホームページに掲載するなど、必要な人がいつでも情報を手に入れることができるようにしておきます。

バリアフリー・マップは、最寄り駅から劇場までのアクセスだけに限りません。施設の入り口や駐車場から客席、お手洗い、車いす用トイレへのルート、自動販売機の設置場所などを示す施設内用マップもつくります。事前にわかっていると、来場する人も安心できます。

車いすスペースの基準――車いす向けの情報

車いすスペースや車いすが通れる動線や幅員を考えるとき、電動車いすやストレッチャーなど、車いすの種類によってサイズはさまざまですが、一つの基準を参考にご紹介します。

車いすが利用できる区画の設置

・間口は90㎝以上で、奥行きは140㎝以上であること
・車いす利用者用客席に隣接して一般席（同伴者の座席）を確保
・通路の有効幅員は120cm以上
・車いすが回転できる空間（直径150cm以上の円が内接できる程度の空間）

※兵庫県「福祉のまちづくり条例施設整備・管理運営の手引きについて」より抜粋

車いすスペースのイメージ

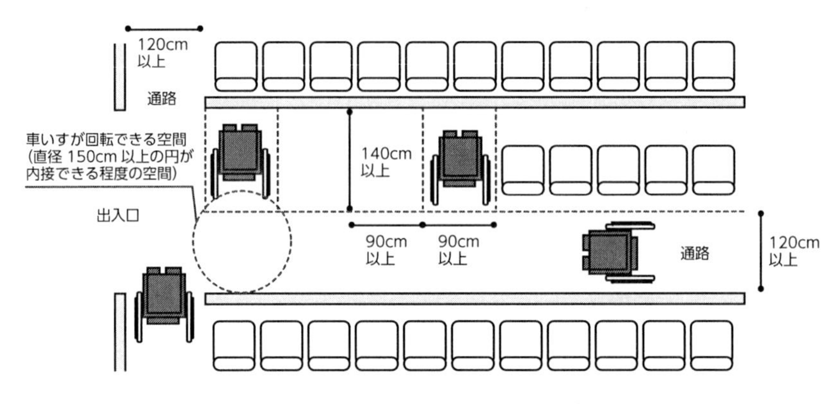

図5-4　車いすスペースのイメージ

視覚障害のある人に対する送迎サービス――事前によく打合せ

ここでいう送迎サービスは、車やバスなどによる送迎ではなく、視覚障害のある人の移動を支援するサービスを指します。

視覚障害のある人のなかには、劇場・ホールの最寄り駅まではたどり

着けるが、そこから劇場にたどり着くのが難しいという人がいます。最寄り駅から劇場までの送迎サービスがあることで、同行援護サービスを利用しなくても鑑賞に訪れることができます。視覚障害のある人にとっては、喜ばれるサービスです。

送迎サービスを実施する場合は、やみくもに駅で待ち合わせをするのではなく、事前に集合時間や送迎回数を決めて実施します。遅れる場合や、急遽、欠席になる場合もあることを想定して、連絡先（携帯やスマートフォンの番号）を必ず聞いておくようにします。

最寄り駅からの道中は、まちの景観などを伝えるとよいでしょう。

サインの活用──できればカラーで

聴覚障害のある人は、視覚情報を中心に情報を得ています。発達障害のある人のなかにも視野優位の人がいて、視覚から情報を得るほうが得意な人もいます。そこで、サインを活用します。サインがあることで、耳の聞こえにくい高齢者にも情報が届きやすくなります。

コストの問題はあるかもしれませんが、サインをつくる場合はモノクロではなくカラーでつくることをお勧めします。「人間は、形よりも色を優先する」、つまり形を「認識」するよりも、色から伝わる「印象」を優先するからです。

優先入場──優先入場の時間を設ける

移動障害のある人たちが安全に入場するために「優先入場」という方法があります。特に、自由席の公演の場合は、開場時に混雑が予想されるため、優先入場の時間を設けておくとよいでしょう。もしかすると、多くの劇場や文化施設では、指定席というところが多いかもしれません。しかし、鑑賞サービスの一環として、当日自由に席を選べる自由席にしておくほうが鑑賞サービスになる場合もあります。

公演によっては、チケット発売時には、まだ手話通訳の立つ位置や字幕を映し出す位置が決まっていないこともあります。字幕や手話通訳の見やすい席は、人によって異なります。自由席にしておくことで、当日、当事者が選べるという選択肢をつくることができます。

選ぶためには、他の来場者よりも少し早めに入って確認する時間が必要になります。この場合でも、優先入場は効果的です。実施する場合は、事前に優先入場があることを対象者に伝えておくことも忘れてはいけません。

優先座席――見やすい、聞こえやすい席は？

手話通訳や字幕を実施する場合、それらが見やすい座席と、そうでない座席ができます。ホールによっては聞こえを支援する「ヒアリングループ」（磁気ループ）が利用できるエリアが決まっていることもあります。鑑賞時の情報サービスを必要とする人が、必要なサービスを受けられるようにするためには、優先座席をつくる必要があります。

手話や字幕が必要な人以外にも、優先座席が必要な人がいます。障害の特性で、通路側や出入口付近の席を希望する人もいます。車いす利用者のなかにも、一般席に移動を希望する人もいます。その席は、車いすから乗り換えが可能な座席位置でなければなりません。

多様なニーズに対応していくためには、座席位置の配慮も大切なサービスの一つです。

（2）「鑑賞時の情報」サービス

情報サービスがあるから鑑賞に行く、という人がいます。手話通訳、字幕、音声ガイド、音声補聴など、情報サービスは、みんなと同じタイミングで泣いたり、笑ったりすることができる時間と空間をアシストするサービスです。

手話通訳――手元がよく見えるための明かり

手話を主なコミュニケーション方法にしている聴覚障害のある人たち

への情報サービスで、音声言語を手話に訳します。舞台公演の場合、手話通訳の立ち位置は話者の近くがよいとされています。公演内容や演出によっては舞台の下手に立つこともあれば、客席の前方や中通路に立つこともあります。

音は「聞く」ですが、手話は「見る」ことになります。暗いところでは手話を読み取ることができないので、必ず手話通訳者の手元が見えるように「手話明かり」を用意します。

日本語対応手話と日本手話

「日本語対応手話」と「日本手話」については、神谷昌明豊田工業高等学校専門学校教授（元日本手話学会理事、元豊田市手話奉仕委員）が平成11年度、12年度文部省科学研究費補助金基盤研究（A）研究課題「手話電子化辞書拡充とその実用化のための総合研究（研究代表者中京大学神田和幸教授）の研究助成を受けて執筆した『手話学入門』に詳しく記されています。

以下、『手話学入門』の「2つの手話」の解説を、抜粋を交えて紹介します。

「健聴者（聴者）が手話サークルや手話講習会等で学ぶ多くの手話は、音声言語である日本語に手話単語を一語一語あてはめていくもので、「日本語対応手話」と言います。日本語の単語に手話単語を一語一語、確実に対応させていくので、語順は日本語と全く同じになります。

言語学の観点から見れば、日本語対応手話は日本語であり、手話(Sign Language)ではありません。（中略）多くの人は、「日本語対応手話」を「手話」と呼んでいるのが現状です」。

一方、日本手話は、「ろう者独自の手話を意味します。（中略）英語で日本手話をJapanese Sign Language:JSLと言います」。

その特徴として、神谷氏は「日本手話を特徴づける極めて重要な要素は、「顔の表情」、「まゆの上げ下げ」、「視線の方向」、「うなずいたり首を振ったりする頭の動き」などで、「手」や「指」以外の要素を挙げています。このような要素を、非手指動作(non-manual behavior)と言います。日本手話ではこの非手指動作が、文法的な働き（否定、命令、肯定などを表す）をし、独自の文法体系を形成しています。非手指動作は、超分節音素の働きをしていると言えます。また日本手話は、「「位置」、「空間」、「方向」をうまく利用し、2つの要素（手話と非手指動作、または手話と手話）を同時に使って、文を作ったりする特徴があります」と述べています。

手話にも方言がある

全日本ろうあ連盟によると、聴覚障害者は全国に約36万人おり、うち約6万人が手話を使う、とされています（「電話リレーサービス制度化に向けた提言」より）。同じ言葉でも、地域によって表現の仕方が異なることから、全国共通の「標準手話」の指定が1969年から日本手話研究所によって進められました。しかし、周知の機会が少なかったり、時代とともに新たな表現が必要になったり、ついつい身近な生活環境にある手話を習得するといったケースが多いことから、なかなか浸透していません。結果、地方によって同じ言葉でも違う動きで表現するといった「方言手話」が存在しています。

例えば、東京で「名前」を表す手話は、右手を「いいね！」の形のように親指を立て、左の手のひらを右手の親指で押さえます。しかし、大阪では、右手で「OK」の形をつくって左胸についているバッチを指すような動きをします。

図5-5　大阪の「名前」東京の「名前」

字幕── 電話の音や音楽情報も

音声情報を文字情報に変えて提供します。映画の字幕をイメージする人がいますが、情報サービスとしての字幕は、チャイムや電話の音、流れている音楽の情報なども文字情報に変えて提供します。

字幕は聴覚障害のある人や発達障害のある人のサービスと思われがちですが、高齢者にとっての情報補完や言語の異なる外国人へのサービスとしても有効です。

要約筆記

要約筆記は、要点を短くまとめた文字を映し出すサービスです。

以前は4人1チームになり、オーバーヘッドプロジェクター（Overhead Projector：OHP）を利用して映し出す手書き要約筆記もありましたが、近年は、そのほとんどが2～4人で1チームになり、パソコンとプロジェクターを使ってスクリーンに映し出す方法に変わっています。舞台上に字幕用のスクリーンを設置する場合は、自立式スクリーンを舞台上手側、または下手側に設置することが多いです。演出の関係で花道に設置する、スクリーンをバトンに吊るといった方法が使われることもあります。

リアルタイム字幕

基本的には全文字幕表示になります。字幕入力者が聞き取った音声情報をもとにキーボードで文字を入力する方法と、音声認識技術を用いた自動入力の二つの方法があります。

インターネット環境が整備されたおかげで、スキルの高い文字入力者が集まる基地に音声情報を飛ばして入力作業を行う方法や、サーバーに飛ばして自動入力・変換を行う方法が増えてきています。

遠隔字幕イメージ

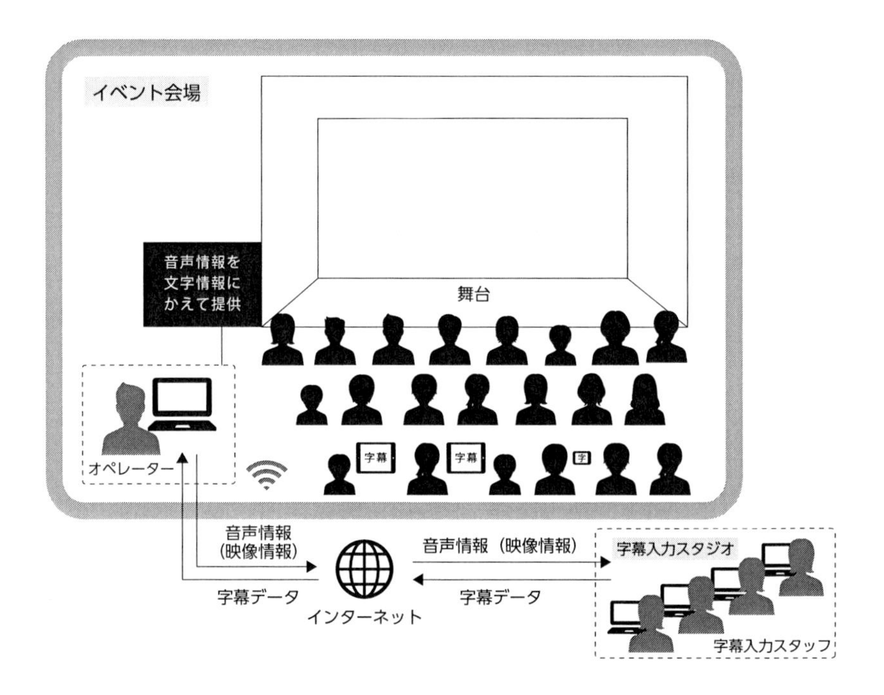

図5-6　遠隔字幕のイメージ

話すと読む

映画の場合、字幕を表示する基本文字数は1秒4文字であるといわれています。1行の文字数は、タテ字幕の場合で10文字2行の20文字、ヨコ字幕の場合で12文字2行の24文字が多く採用されています。

一方、ＮＨＫのアナウンサーがニュースを読むときの速度は、1分300文字とされています。この300文字は、相手に一番伝わりやすい理想の速度であるといわれています。

「話すことば」の理想が1分300文字（1秒5文字）であるのに対して、「読むことば」の理想は1秒3～3.5文字とされており、その差1.5～2文字／秒になります。これでみると、10分間で900～1200文字、60分で5400～7200文字の差が生じます。

しかし、だからといって文字数を減らした要約筆記のほうが喜ばれるかというと、単純にそういうわけではありません。要約してしまった字幕からは読み取り切れない言葉の意味もあるからです。

字幕精度を高める

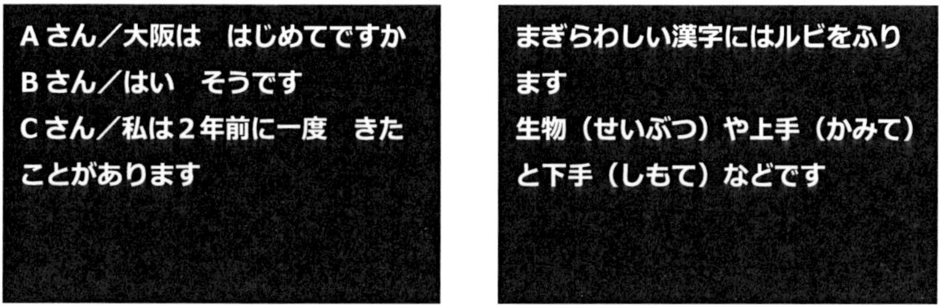

Aさん／大阪は　はじめてですか
Bさん／はい　そうです
Cさん／私は２年前に一度　きたことがあります

話者を特定する

まぎらわしい漢字にはルビをふります
生物（せいぶつ）や上手（かみて）と下手（しもて）などです

ルビをふる

図5-7　字幕の精度を高める

日本語には、同じ名前や地名でも異なる漢字を使用することが多々あります。変換ミスを減らし、精度の高い字幕を提供するためには事前準備が重要です。準備をしっかりしておけば、話者情報も一緒に表示することもできます。

可読性や視認性の高いフォントを選ぶ、文字サイズや行間、スクロール方法を調整することで読みやすい字幕をつくることができます。紛らわしい読み方や、難しい読み方をする漢字には、ルビをつけるなどの配慮も大切です。例えば「生物」は、「せいぶつ」と読むこともあれば「いきもの」と読むこともあります。舞台用語の「上手と下手」は、「かみてとしもて」と読みますが、「じょうずとへた」とも読めます。

さまざまな端末による表示

スクリーンやテレビモニターのほか、タブレットやスマートフォン、メガネ型ディスプレイなど、さまざまな端末に字幕を表示することができます。

スクリーンやテレビモニターは、大きな文字で表示できること、ある程度の文字量を表示できること、下から上に文字をロールアップ形式で更新するシステムが利用できることなどから、舞台での字幕表示端末に利用されることが多いです。

表彰式や講演会など、話者の動きが少ない演目への字幕表示、演劇やダンスパフォーマンスでの演出字幕（アニメーション字幕）を実施するのに適しています。一方で、スクリーンやテレビモニターの場合、どうしても字幕が読みやすい座席位置が決まってしまうというデメリットもあります。

タブレットやスマートフォンは、それ自体を持って運べることから、自分の好きな座席を選べるという利点があります。しかし、タブレットやスマートフォンは、長時間手に持って鑑賞するのが疲れる、手元の画面と舞台を交互に見ることになるので、視線角度と視点距離を常に変えなければならない、まわりの観客から画面の光が気になると指摘される、というデメリットもあります。

メガネ型ディスプレイをかけると、遠くに字幕が浮かび上がったように見えます。視線角度や視点距離を大きく変えることなく、舞台と字幕を見ることができます。メガネに慣れている人であれば、メガネ型ディスプレイは抵抗なく利用できるかもしれません。まわりの観客から光の漏れを指摘されることもありません。アーティストが動くコンサートなどに適しています。現時点では、コストの問題、普段メガネを使用しない人にとっては疲れるといったデメリットがあります。

図5-8　メガネ型ディスプレイとタブレットの利用

音声補聴——難聴者向けサービス

音声補聴は聞こえにくい人（難聴者）への情報サービスです。ヒアリンググループ（磁気ループ）を使って、音を直接補聴レシーバーに届けます。集音機と違い、まわりが騒がしかったり、話し手との距離が離れていても、音をクリアに届けることができます。

ヒアリングループ（磁気ループ）

ヒアリングループは、音声信号をループアンテナに流すことにより、ループ内に信号磁界を発生させて補聴器内臓の誘導コイルと直接磁気結合させて音を届けます。床下にループアンテナが備えつけられている施設もあれば、仮設でループアンテナを床面に這わせて磁界をつくる方法もあります。その他、FMや赤外線、Wi-Fiと同じ2.4G帯の電波などを使うシステムもあり、その場合は、ネックループによって小さな信号磁界を発生させます。

自分が普段使っている補聴器や貸し出し受信機から音を聞くことになるので、音声補聴が必要な人にだけダイレクトに音を届けることができます。

音声ガイド——動きや表情も音声に変えて

音声ガイドは、視覚障害のある人への情報サービスです。舞台上の風景や登場人物の動き、表情などの視覚情報を音声情報に変えて届けます。必要な人の隣で直接ガイドをする方法もあれば、必要な人にだけガイドを届けるために送信機と受信機を使う方法があります。FMシステムがもっともポピュラーですが、赤外線やWi-Fiと同じ2.4G帯の電波を利用することもあります。

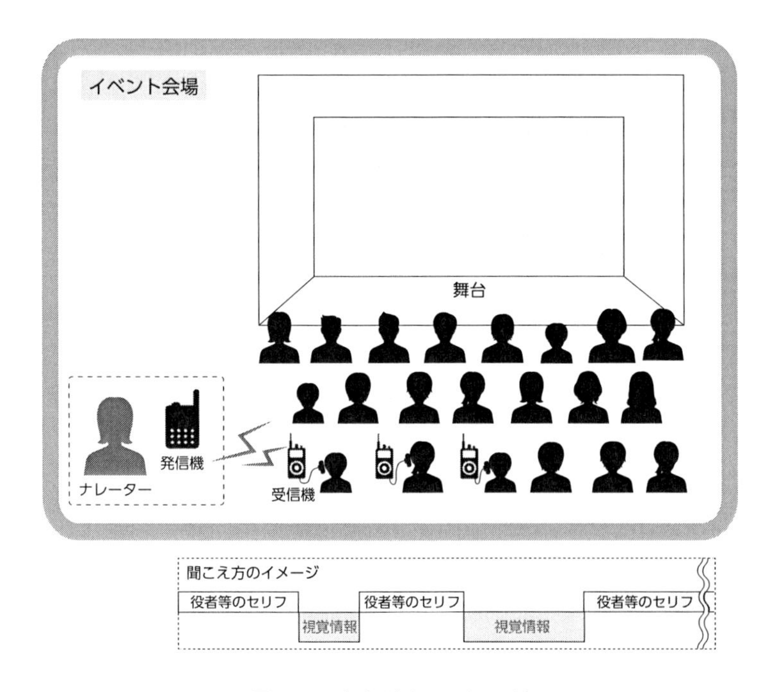

図5-9　音声ガイドのイメージ

音声ガイドナレーター

映画の音声ガイドは、完成した映像を見ながら音声ガイド原稿（台本）をつくります。その後、できあがった原稿を元に、映像を見ながら何度も練習を繰り返して本番（収録）に挑みます。

録音なので、失敗すればやり直しがききます。しかし、舞台は生（ライブ）です。そのため、音声ガイドの原稿をつくる工程も、稽古やリハーサルを見てつくることになります。再演の場合は、過去の上演ビデオを見て原稿をつくる場合もあります。

練習できる期間は限られており、ゲネプロが唯一の通しの場になることもあります。本番は、録り直しがききません。そのうえ、キャストのアドリブが入ることもあれば、稽古とは違う間になることもあります。

ライブならではのハプニングが待っています。そのため、ライブの音声ガイドナレーターは、MCとしてのスキルと経験のほか、対応力が求められることになります。

なかには、原稿（台本）をつくらずに、即興で音声ガイドを実施するナレーターもいますが、かなり稀なケースでしょう。

音声ガイドの原稿作成

音声ガイドで届けている情報は、舞台上の視覚情報だけではありません。開演までの時間や休憩時間を利用して、視覚情報を補うためのさまざまな情報を届けています。例えば、開演前には、次のようなことを伝えています。

・キャスト紹介
・あらすじ紹介
・衣装や舞台セットの紹介
・施設の外観、お手洗いや非常口の場所の紹介
・配布されているパンフレットの紹介
・物販コーナーの紹介

これらの案内を実施するには、事前に劇場やホールの見学の機会をつくる、舞台セットや衣装を見る機会をつくる、配布物を原稿作成者に提供しておく必要があります。

原稿作成者は、自分で積極的に調べ情報収集を行いますが、劇場の見学日程の調整や情報提供は、制作スタッフが行います。

キャスト紹介は、キャスト自身の声で録音してもらう方法もあります。そのほうが観る人が事前にキャストの声を覚えられるというメリットがあります。

音声ガイドの情報量

音声ガイドの情報量は、個人によってその要望はさまざまです。同じ公演についている音声ガイドでも、情報量が「多い」と感じる人もいれば、「ちょうどよい」や「少ない」と感じる人もいます。全員が「ちょうどよい」と答えることはありません。また、同じ人でも1回目に「ちょうどよい」と感じても、2回目では「多い」と感じるなど、情報量の要望はその

ときによっても異なります。

今後は、「情報量を選べる」というサービスがあってもいいかもしれません。

(3)「意思疎通のためのコミュニケーション」サービス

音声言語によるコミュニケーションが苦手という人がいます。他の人との意思疎通がスムーズにいかない傾向にあったり、耳から入ってくる情報処理が苦手であったり、予想外の事態に直面すると不安にかられるといった人たちとのコミュニケーションをサポートするのがコミュニケーションサービスです。

ここでは特に、自閉スペクトラム症など、発達障害のある人たちのサービスについて説明します。

コミュニケーション障害のある人

発達障害のある人の特性の一つにコミュニケーション障害があります。聴覚障害のある人や吃音、ALS患者など、言語障害のある人、認知症や自閉症、高次脳機能障害のある人のなかにもコミュニケーション障害を感じている人がいます。

コミュニケーションカード――カードで伝える

言葉で伝えるのは苦手でも、絵や写真を指でさして意思を伝えることができる人がいます。その人たちとのコミュニケーションサービスの一つにコミュニケーションカードがあります。

コミュニケーションカードは、意味や内容をイラストと言葉で表します。「トイレ」という場所を表すカードと「どこ?」という疑問を表すカードを組み合わせて「トイレはどこ?」というように会話にすることができます。受付に置く、ホワイトボードに貼りだすとよいでしょう。

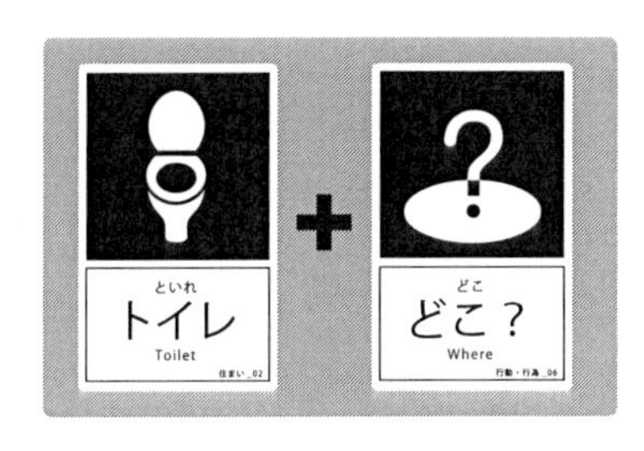

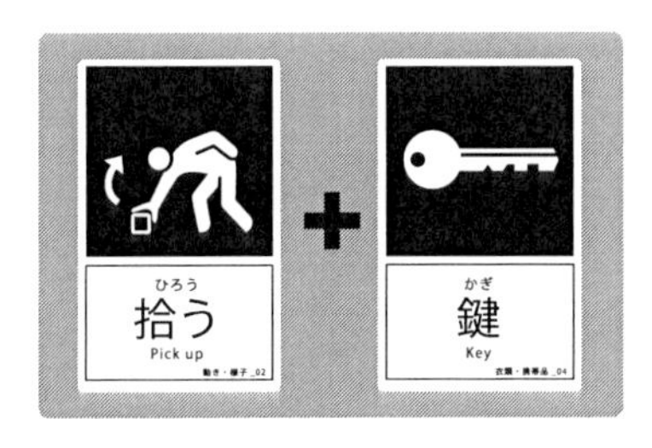

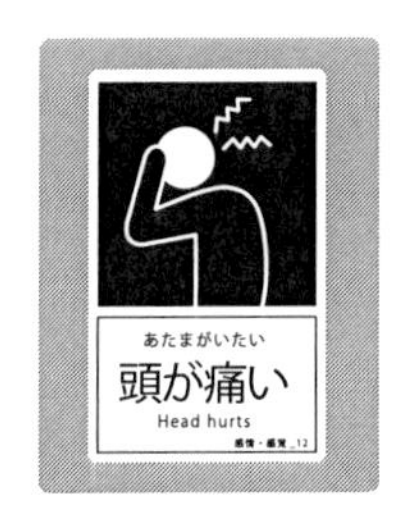

図5-10　コミュニケーションカード

参考：絵記号を公開無償ダウンロードできるサイト
公益財団法人共用推進機構
http://www.kyoyohin.org/ja/index.php#

イヤーマフ── 音量をおさえる

大きな音や特定の音が苦手という人がいます。私たちは、いろいろな音が飛び交う街中でも、自分が聞きたい音を自動的に大きな音量にして聞くことができます。しかし、障害のある人のなかには、すべての音が均等な音量で聞こえてしまう人もいます。そのため、自分の手で耳をふさいだりする人がいます。イヤーマフがあることで、全体の音量をダウンさせることができます。

イヤーマフを自分で持ってくる人もいますが、イヤーマフの存在そのものを知らない人もいますので、貸出用に用意するのもよいでしょう。

親子室、母子室――障害者も使えるように

舞台は非日常的な空間です。普段とは違う非日常の空間に慣れていないことが原因で、なかなかホールのなかに足を踏み入れることができない、公演中に声を出してしまう、立ち上がってウロウロしてしまう人がいます。

それでも舞台を鑑賞したい、鑑賞できるようになりたい、と思っている人もいます。その人たちが安心して鑑賞できるスペースとして親子室や母子室を活用するという方法があります。

親子室や母子室であれば、多少は声を出したり、動いたりしても他の鑑賞者からの視線が気になることはありません。一緒に来ている人も安心です。しかし、親子室や母子室という名前から、小さな子どもを連れた親子しか使用することができないという印象を与えてしまうこともあります。スタッフ側も、小さな子どもを連れている場合は利用を許可するが、障害者と介助者の利用については判断を躊躇することがあります。

一時的な回避スペース――落ち着けるスペースを

エントランスにテレビモニターを用意している劇場やホールがあります。客席内で興奮してしまった人や、気分が悪くなった人、体温調整が苦手な人が一時的にホールの外に出て待機中に鑑賞するのに使われています。

発達障害や知的障害のある人たちも参加できる事業を実施する場合、なんらかの理由で興奮してしまったり、問題行動を起こしてしまったときに落ち着きを取り戻すことができるスペースがあるとよいでしょう。スペースは、静かで少し暗い、あまり広くない部屋などがよいです。

イラスト付き公演プログラム

　決められた手順やスケジュールに強いこだわりのある人もいます。その人たちも安心して公演を楽しんでもらうために、公演の流れがわかるタイムスケジュールやイラストによる解説を載せたプログラムをつくるとよいでしょう。

　一般的に、プログラムは当日配布するものですが、発達障害や知的障害のある人には事前（公演の何日か前）にお渡しするとよいかもしれません。

　ちなみに、視覚優位の人に伝えるときの情報の優先順位は、

　実物＞写真＞イラスト＞テキスト

です。開場時間の変更など、急に予定が変更になった場合は、イラストで説明するとよりわかりやすく伝えられることがあります。

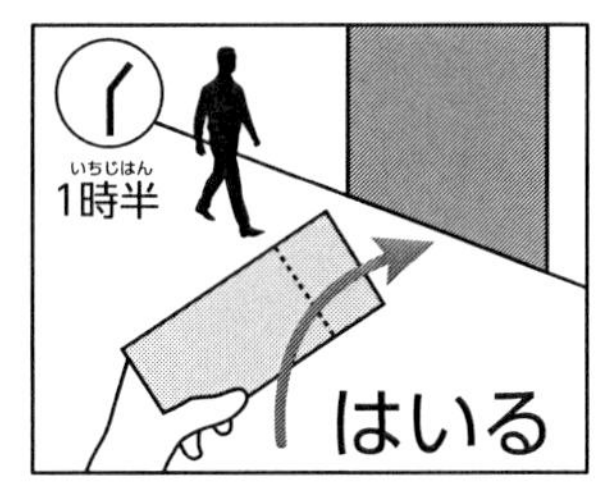

図5-11
イラスト付公演プログラム

第3部

鑑賞サービス事業を実際につくってみる

どうやって始めるか

……………事業企画

第6章

事業企画とは、どのような鑑賞サービス事業を行うのかを、内容と予算の両面から指し示すことです。

1. 知る、始まる

障害のある人たちも参加できる事業を企画するうえで必要なことは「知る」ということです。「知る」には二つあり、一つは「障害のある人のことを知る」ということ、もう一つは「障害のある人にとって、自分たちの劇場・ホールにある障壁が何なのかを知る」ということです。

事業企画では、この二つのことを知り、予算とのバランスを考えて計画します。

(1) 企画書と予算書

事業を企画する場合、まずは事業目的や事業名称、開催日時、会場、客層（ターゲット）、出演者などの基本プランを作成します。その後、入場料などを設定して打診や事前交渉を進めながら企画書と予算書を完成させます。

完成した企画書と予算書は、それぞれの審査機関や協議会の承認を得なければならず、それが得られてはじめて事業を実施することができます。事業実施決定後は、正式に出演者に依頼をかけて契約締結などの制作業務を進めていくことになります。もちろん、この流れではないものもあります。

では、鑑賞サービスの実施内容や予算については、いつどのタイミングで考えるのでしょうか。それは、基本プラン作成の段階です。手話通訳や字幕、音声ガイドといった鑑賞サービスは、無料で実施できるわけではありません。鑑賞サービスの多くは、福祉分野で扱われてきました。「福祉」というだけで、タダ同然のような金額を押しつけられることがあります。しかし、手話や字幕、音声ガイドはタダではありません。人件費や交通費、機材費など、舞台技術にかかわる業務と同様に、経費は必要です。

しっかりと企画の段階で専門家や予算などを調べ、事業名や開催日時、会場、出演者、入場料と同じように、「鑑賞サービス」の項目を立てて企画します。

鑑賞サービスの企画手順

リストアップ

ターゲットとなる客層（障害のある人）にとって必要なサービスを想像して、リストアップします。ここでは、一旦、予算のことは度外視しておきます。

手話通訳や字幕など、ついつい情報サービスばかりをリストアップしがちですが、リストアップするときは、一連の流れをしっかりと想像して行います。

鑑賞の流れ

流れ	鑑賞者の状況
1．公演情報が届く	・ダイレクトメール、知人・友人・家族からの口コミ、SNS、ポスター、チラシ、新聞や雑誌の広告などで公演情報を知る
2．鑑賞を検討	・興味を持ち、開催日時や会場、チケット料金、チケット申し込み方法、実施される鑑賞サービスなどを確認し、鑑賞するかどうかを考える

3．チケット申し込み	・チケット申し込み（購入）を決断し、応募フォームやメール、ファックスなど、自分が申し込める方法でチケットを申し込む（購入する）
4．劇場・ホールに行く	・公共交通機関、車などで劇場・ホールに向かう ・公共交通機関を利用する場合は、最寄り駅やバス停から劇場・ホールに歩いて向かう ・車の場合は、駐車場に車を止めて劇場・ホール内に入る
5．エントランスに到着	・ホール入り口を確認する ・受付やトイレの場所を確認する ※字幕用タブレットや音声ガイド受信機などの情報サービス機器を借りる場合は、貸し出し受付を確認する
6．開場	・チケットの半券を切ってもらう ・パンフレット、アンケートなどを受け取る ※字幕用タブレットや音声ガイド受信機などの情報サービス機器を借りる場合は、貸し出し受付で借りる
7．座席にすわる	・座席位置を確認し、入り口から座席まで移動して着席する
8．鑑賞準備	・受け取ったパンフレットなどに目をとおす ・非常口の位置を確認する ※字幕用タブレットや音声ガイド受信機などの情報サービス機器を借りている場合は、表示や受信テストを行う
9．鑑賞	・座席で鑑賞する ・同じタイミングで泣き、笑い、ともに時間と空間を共有する
10．終演	・アンケートを記入する ・客席からエントランスに移動する ・物販コーナーでお土産を見る ※字幕用タブレットや音声ガイド受信機などの情報サービス機器を借りている場合は、貸し出し受付に返却する
11．帰る	・公共交通機関、車などで帰る ・公共交通機関を利用する場合は、最寄り駅やバス停まで歩く ・車の場合は、駐車場まで移動する ※カフェやレストランに立ち寄り、公演の感想を仲間と共有する

バランスとリレーションを確認する

リストアップができたら、次はバランスとリレーションを確認します。バランスとリレーションを確認するときは、鑑賞サービスを三つの区分（接続・移動、情報、コミュニケーション）に分け、抜けているものがないか、どれか一つに偏っていないか、といった目線で見るようにします。

例えば、鑑賞時の情報サービスとして、視覚障害のある人への音声ガイドサービスをリストアップしているのに送迎サービスがない、といったことのないように、サービス間の総合的な連携がとれているかを確認します。

抜けているものが見つかった場合は、ここで補足します。

現場の意見を聞く

バランスとリレーションを整えた鑑賞サービスを、広報段階のもの、当日運営のもの、舞台上で実施するもの、といったようにセクションに分けます。広報に関するものについては広報担当者に、受付まわりなどの当日運営に関するものについては運営スタッフに、舞台と連携して行うものについては舞台技術スタッフに、それぞれから意見を聞きます。

現場スタッフの意見を聞くことで、過去の経験からよりよい方法や安価にできる代替案などが見つかることがあります。

例えば、開場時の車いす対応のために運営スタッフの増員を計画しているとしましょう。そのことを運営スタッフに相談した結果、車いす利用者を先に優先入場させることで、人員を増やすことなく安全に入場できる方法を見つけることができる場合もあります。

見積もりをとる

外部に委託しなければならないものやレンタルしなければならない機材がある場合は、見積もりをとります。手話や字幕はもちろん、音声ガイドを実施できる専門家は、まだまだ人員が不足しています。コストを確認すると同時に、実施当日のスケジュールや仮押さえを相談しておきます。実施までの段取りや流れも確認しておくと、実施決定後の制作がスムーズになります。

知識や経験があれば、コストやスケジュールだけを確認するだけでよいのですが、経験が少ない場合は、字幕や音声ガイドの専門家に実施内容と目的を伝え、よりよい方法を相談しながら進めるとよいでしょう。

実施内容の決定

リストアップ、バランスとリレーションを確認する、現場の意見を聞く、専門家に相談しながら見積もりをとる、といった手順を踏んだ結果、はじめに構想していた方法を実施できない場合もあります。

予算が不足しているために、より安価な機材や方法を探したり、台数や実施回数を減らしたりしなければならないかもしれません。場合によっては、実施そのものを見送らなければならない鑑賞サービスが出てくることもあります。

予算とのバランスを見ながら、必要に応じて実施方法の見直しを図り、最終的に実施する鑑賞サービスを決定します。

鑑賞サービスの予算算出

手話通訳のコスト

1名あたりの手話通訳者の料金　×派遣人数　＝　必要な経費

手話通訳者1名あたりの料金は、地域によって異なります。例えば、東京都の派遣の場合、2時間で10,000円くらいです（2019年1月現在）。派遣人数は、依頼内容によって派遣元が決定します。こちらで指定することはできません。

都内の場合は、交通費の別途請求はありません。長時間の場合は、お昼休憩が必要です。宿泊を伴う場合は、別途費用が加算されます。手話通訳料は、社会福祉法人が行っている場合は、消費税法第6条により非課税になります。

字幕のコスト

現場で実施するパソコン要約筆記の場合

１名あたりの要約筆記者の料金　× 派遣人数　＝　必要な経費

要約筆記者１名あたりの料金は、地域によって異なります。例えば、東京都の派遣の場合、１時間までは5,500円くらいで、以降、１時間ごとに3,500円程度が加算されます。派遣人数は３～４人になり、２時間ですと50,000円くらいになります（2019年１月現在）。

都内の場合は、交通費の別途請求はありません。長時間の場合は、お昼休憩が必要です。宿泊を伴う場合は、別途費用が加算されます。パソコン要約筆記料は、社会福祉法人が行っている場合は、消費税法第６条により非課税になります。

その他、字幕を映し出すための機材費（プロジェクターとスクリーンのセット、テレビモニターなど）は、別途必要になります。

遠隔字幕入力の場合

文字入力の料金 ＋ オペレーター人件費 ＋ コーディネート料金
＝必要な経費

サービス提供元によってコストはさまざまです。一概にはいえませんが、文字入力の料金は１時間で40,000円くらいです（2019年１月現在）。

遠く離れた基地局に音声データを送り、そこから今度はテキストデータを受け取る必要があるため、現地会場に専用の機材とオペレーターが必要になります。また、現地音響スタッフとの連携も必要になってきます。

オペレーターの交通費や機材費、字幕を表示する端末レンタル費、インターネット利用料（ない場合は別途手配）が必要となります。

希望すれば、入力ログ（入力したテキスト情報）も提供してくれます（有料）。民間企業が提供していることが多いため、料金には消費税がかかります。

参考：手話、パソコン要約筆記、遠隔字幕入力
東京手話通訳等派遣センター
http://www.tokyo-shuwacenter.or.jp
横浜ラポール聴覚障害者情報提供施設
http://www.yokohama-rf.jp/rapport/
社会福祉法人名古屋市身体障害者福祉連合会／聴覚言語障害者情報文化センター
http://meishinren.or.jp
公益社団法人大阪聴力障害者協会／大阪ろうあ会館
http://daicyokyo.jp/roua/about.html
株式会社アイセック・ジャパン
http://www.iscecj.co.jp
株式会社ジマックス
https://zimax.jp

音声ガイドのコスト

音声ガイド用台本作成の料金　＋　ナレーター人件費　＋
コーディネート料金　＝　必要な経費

音声ガイド用の台本作成料は、単価×日数で計算、または単価×作品上演時間で計算されることがあります。

台本を起こすためには、稽古を見る、通し稽古の様子のビデオで見る、劇場やホールの下見を行う、公演制作スタッフから情報を提供してもらう、といったことが必要になります。

一人で書ききる場合もあれば、複数人でチームを構成して、校正しながら言葉を選んでつくりあげていく場合があります。

できあがった台本を元にゲネプロで読み合わせを行います。必要な場合は、さらに本番までの間に修正を行います。

新作と再演とでは、つくり込んでいく作業時間が異なってきます。新作の場合は、ゼロからつくっていく必要がありますが、再演の場合は、過去の上演作品の映像資料から書き起こすことができます。一概に「いくら」ということは、とても難しいです。一例ですが、新作の演劇公演をつくったときの音声ガイド台本作成料は、20万円くらいでした。

その他、音声ガイドを必要な人に届けるための送信機と受信機が必要になります。送受信には、早くからFMシステムが利用されてきましたが、近年は赤外線やWi-Fiと同じ2.4G帯の電波、C型無線システム（322MHz帯）なども使用されています。

参考：音声ガイド

バリアフリー映画鑑賞推進団体 シティ・ライツ
http://www.citylights01.org
社会福祉法人日本ライトハウス
http://www.lighthouse.or.jp

点字チラシ・パンフレットのコスト

構成料金　＋　（文字数×点訳料）　＋　（枚数×印刷費）
＝　必要な経費

例えば、構成料が5,000円、点訳料が10円／文字、印刷費が200円／枚だったとします。この条件で800文字の点字チラシを50枚つくると5,000円＋（800文字×10円）＋（50枚×200円）＝23,000円ということになります。

日本ライトハウスや点字図書館のほか、一般の印刷会社でも近年は点字チラシをつくることができます。点字＋墨字印刷にしておくことで、あとから見たときに点字が読めなくても何の点字チラシか、またはパンフレットだったかがわかります。その他、片面印刷か両面印刷で料金は異なってきます。

音声コードのコスト

（音声コード作成費×数）　＋　切り欠き加工費　＝　必要な経費

音声コードをつくる場合、コード内に格納するテキスト編集や音声で読み上げられたときの読み方の確認・調整といった作業が必要になります。音声コードの作成費は、代理店の場合で12,000～13,000円です。

ページの端を切り抜く切り欠き加工費は、100部だと１箇所12円程度ですが、1000部だと１箇所２円程度になります（2019年１月現在の参考価格）。

参考：音声コード
特定非営利活動法人日本視覚障がい情報普及支援協会
http://javis.jp/index.php
小林クリエイト株式会社
https://k-cr.jp
株式会社グレープシステム
https://www.grape.co.jp

企画を突破させるための最大の壁

鑑賞サービスの企画と予算について、その手順や算出について触れてきました。しかし、重要なのは企画や予算ではなく、やるかやらないかです。

実施を阻むものは知識不足や技術、経験、予算不足ではありません。もっとも大きな壁は、やるかやらないかを判断する人たちに、しっかりと必要性を理解してもらえるかどうかです。

鑑賞サービスをだれのために、なんのために実施するのか。なぜ、その人たちも劇場・ホールに参加できる環境づくりに取り組まなければならないのか。やる理由は何なのか。実施した結果、どのような社会的効果が得られるのか。

このことは、すでに第１章や第２章で触れたとおりです。そして、そのことは鑑賞サービスをデザインする人だけが理解しているようではダメなのです。必要性を企画書に落とし込み、実現性の高い計画を明確に示し、実施を判断する審査機関や協議会から承認が得られるように働きかけることも、企画の承認を得るために必要なことなのです。

2. 鑑賞者として育成する

「だれもが参加できる環境をつくる」ということを企画するとき、もう一つもっておいてほしい観点が「鑑賞者として育成する」ということです。

このことは、「劇場、音楽堂等の活性化に関する法律（平成24年法律第49号）」の第二留意事項の4.鑑賞者の育成についてでも「劇場、音楽堂等の活性化にあたっては、鑑賞者を育成することも重要である（以下、省略）」と書かれています。

多くの劇場・ホールが地域に文化を届けるアウトリーチ事業を積極的に行っているのもその一つであるといえます。

「鑑賞者として育てる」という観点は、当然ながら障害のある人たちにもあてはまることです。では、障害のある人たちを鑑賞者として育てることを目的とした事業企画とは、いったいどのようなものでしょうか。次の事例をもとに、考えてみたいと思います。

事例

Aさんは12歳の男子で、知的障害を伴う自閉症です。

Aさんのお母さんは、地域の劇場で開催される催し『だれでも参加できるバリアフリーコンサート』のチラシを見つけました。自分の子どもにもいろいろな経験をさせてあげたいと思っていたお母さんは「これならいけるのかなあ……」と思いました。

チラシの情報だけでは不安があったので、Aさんのお母さんは劇場に電話をかけ「知的障害で自閉症の子どもですが、連れて行っても大丈夫でしょうか？」と聞きました。劇場のスタッフは「参加していただいて大丈夫です」と答えてくれたので、Aさんのお母さんはチケットの購入を決断しました。

本当は、扉近くの通路側の席がよかったのですが、あいにくその席は残っていませんでした。そこで、Aさんのお母さんは、残っていた前方の席のチケットを２枚購入しました。

当日、会場は満席でした。来場者のなかには、小さな子どもや高齢者、車いす利用者など、さまざまな人がいました。

なかなかホールのなかに入ろうとしないAさんでしたが、お母さんが説得して何とかホールに入り、席につくことができました。しかし、本番がはじまるベルが鳴り、客席の明かりが暗くなった途端にAさんは席を立ち、大きな声を出しました。

お母さんがなだめて、何とか落ち着きを取り戻したのですが、上演中、Aさんはずっと自分の手で耳をふさいでいました。
コンサートがはじまって10分が経過したところで、再びAさんは席を立ち、大きな声を出しました。そのとき、スタッフが慌てて駆けつけてきて「まわりのお客様の迷惑になりますので、お静かにお願いします。」と声をかけられました。
Aさんとお母さんは席を立ち、劇場をあとにしました。

事例から、Aさんも参加できる事業企画を立案する

Aさんは、なぜ鑑賞できなかったのでしょうか。Aさんが鑑賞するには、何が必要なのでしょうか。

はじめに、事業の目的を明確にします。今回は、Aさんも参加できる環境をつくるということと、もう一つ、Aさんを鑑賞者として育成する、ということを目的にします。このことは、絶対にブレないようにしてください。そのうえで、次のことを考えていきます。

開催概要を考える

- □ 開催日時を決める
- □ 参加対象を決める
- □ 参加定員を決める
- □ 参加料を決める
- □ 申し込み方法を決める

鑑賞サービスを考える

- □ 情報や場所に到達するまでの接続・移動サービスを考える
- □ 鑑賞時の情報サービスを考える
- □ 意思疎通のためのコミュニケーションサービスを考える

チラシづくりを考える

- □ どのようなチラシがいいかを考える
- □ どうすれば情報が届くかを考える

鑑賞者の特性にあったプログラムを考える

- □ ホール内に入りやすい工夫を考える
- □ ホール内で鑑賞しやすい工夫を考える
- □ 鑑賞者として育成するための工夫を考える

それでも問題行動が発生したときのことを考える

- □ 基本的な対応を考える

劇場体験プログラム

国際障害者交流センターの鈴木京子事業プロデューサーは、発達障害や知的障害のある人たちを鑑賞者として育成することを目的とした事業「劇場体験プログラム」という画期的なプログラムをつくりました。

鈴木事業プロデューサーは、発達障害や知的障害のある人たちも参加できる環境づくりを考えたときに、「鑑賞の練習ができる機会」が必要であることに気づきました。経験する機会がないから、非日常の空間に来たときに尻込みしてしまう。練習する機会がないから、鑑賞マナーを学ぶことができない。時間はかかるかもしれないが、練習する機会があればできるようになる人もいる、と考えたのです。

このプログラムの目的は、次のとおりです。

・鑑賞者としてマナーやルールを学べる場
・マナーやルールを守り、劇場で鑑賞できるかを試せる場
・劇場での鑑賞体験、社会体験の場
・保護者や支援者の気づきの場
・地域や社会参加につなげる場

「環境をつくる」と「鑑賞者を育成する」

劇場・ホールのスタッフから「本番中に声を出す人がいた場合、どう対処すればいいのですか」という質問をよく受けます。私自身も、本番中に突然声を出す人がいる現場を何度も経験しました。クラシックコンサートの場合、声を出してしまった人と、その介助者に向けられる視線は半端なものではありません。

そのときは、ただ近くまで行き、落ち着かれるまで側にいて、一旦ホールの外に出る手助けをすることしかできませんでした。

いい方法はないものだろうか。どうすれば、発達障害や知的障害の人たちが一緒に劇場・ホールで鑑賞することができるのだろうか。その答えの一つが、劇場体験プログラムだと思います。

劇場体験プログラムを経験して、実際に興業公演を観に行けるようになった人もいますし、映画館に行けるようになった人もいます。もちろん、まだ劇場体験プログラムに通っている人もいます。途中でリタイアした人もいます。リタイアしたけれど、また戻ってきた人もいます。

だれもが舞台芸術を鑑賞するためには、「環境をつくる」という観点と「鑑賞者を育成する」という、両方の観点をもつことが重要です。

事業企画の立案例

さて、これらを踏まえて、実際にAさんの事例から「事業企画」を立案してみると、どのような企画が考えられるのでしょうか。参考に、一つ例をご紹介したいと思います。はじめにお断りしておきますが、ここで紹介するものはあくまで一例です。実際に事業を企画する場合には、

その劇場や文化施設の環境、スタッフの人数やスキル、事業予算などによって内容は変わります。また、日程計画と予算計画もあわせて紹介していますが、それぞれの工程に必要な時間や金額を約束するものではありません。実効性の高い企画書や予算書を作成するには、当然ながら細かな下調べや調整が必要です。

「発達・知的障害のある人を鑑賞者として育成する体験プログラム（仮称）」企画

開催目的

発達・知的障害児（者）向けに、劇場という非日常の空間を体験できるプログラムを実施します。「なぜ客席が暗くなるのか」「どうして大きな音がなるのか」といった劇場の当たり前や鑑賞ルール、マナーを学び練習することで、将来的に発達・知的障害のある人たちが一般公演に鑑賞者として参加できるようになることを目指します。このことは、発達・知的障害のある人たちの選択肢を増やすことにつながると考えます。

開催概要

名称	発達・知的障害のある人のための「コンサート体験」（仮称）
内容	コンサート公演の体験をとおして、鑑賞者としてのルールを学び、劇場空間を理解してもらう。
日時	2020年7月5日（日曜日） 午後2時00分～午後3時00分
会場	○○ホール（小ホール）
出演	○○音楽隊
座席数	350席（内、車いす席4席）
定員	100名（一部の優先座席を除き、全席自由席）
対象	発達・知的障害児（者）とその家族、介助者
料金	500円
申込方法	事前申込制（ハガキ、電話、ファックス、e-mail、ホームページの専用フォーム）

演出構成

時間構成
- ・鑑賞マナーについて（15分）
- ・コンサート（45分）
- ※鑑賞者も参加できる「体験コーナー」と、体を動かす「リズム遊びコーナー」あり

空間構成
- ・客入れ、本番中の照明は明るめ
- ・ブザー、コンサート音量は小さめ

広報

・チラシの作成
・イベントWebページの作成
・SNSによる情報拡散
・会員へのダイレクトメール送付
・地域福祉施設・団体、支援学校等へのダイレクトメール送付

鑑賞サービス

[情報や場所に到達するまでの接続・移動サービス]

・事業主旨（発達・知的障害のある人を鑑賞者として育成する）を明示する
・実施する鑑賞サービスを明示（手話、字幕、場内明るめ、音量小さめ、自由席など）
・チラシへの音声コード掲載
・ハガキや電話、ファックスといったアナログな申込受付窓口を開設
・希望するサービスや懸念事項といった情報を収集できる申し込みフォーマットの作成
・かんたんチラシを作成し地域福祉施設・団体、支援学校等に届ける
・車いす用動線マップのサイトにつながるQRコードをチラシに掲載

[鑑賞時の情報サービス]

・舞台手話通訳
・字幕表示
・ピクトグラフ表示
・会場内明るめ、音量小さめ
・エントランスへのモニター設置

[意思疎通のためのコミュニケーションサービス]

・受付に手話通訳を配置
・受付筆談対応
・コミュニケーションカード
・サインのイラスト化

・イラストで伝わるプログラムの作成
・エントランス・アナウンスの字幕化

主催者組織構成

主　　催　*****
共　　催　***実行委員会
協　　力　障害福祉課、社会福祉協議会、地域福祉・ボランティア協会
後　　援　都道府県／市町村

制作構成

制　　作　****
舞台技術　****
手話通訳　****
字幕提供　****
運　　営　****、ボランティアスタッフ

日程計画

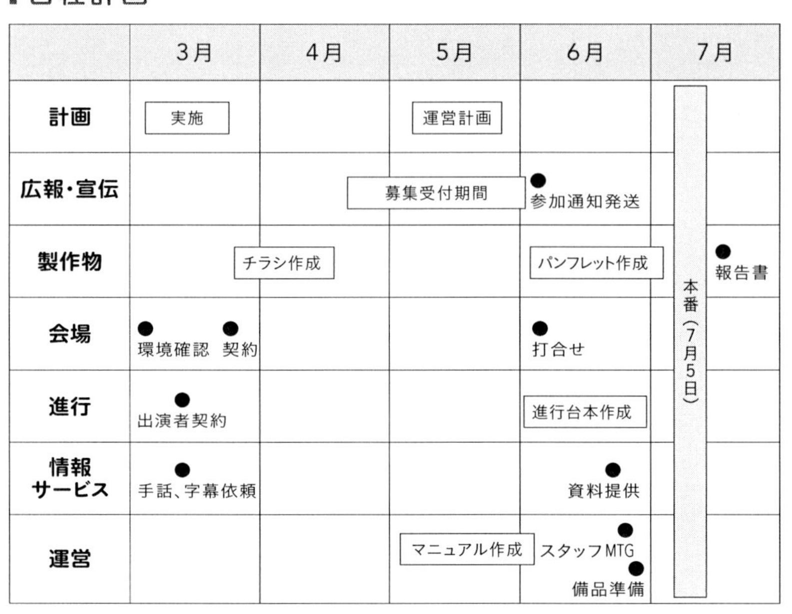

予算計画

種別	内容	数量	単位	数量	単位	単価	金額
人件費	制作人件費（事業制作）						
	応募受付対応人件費						
謝金	出演料	1	公演			50,000	50,000
	司会	1	公演			25,000	25,000
	手話通訳	2	時間	2	人	10,000	20,000
	看護師派遣料	1.5	時間	1	人	4,500	6,750
旅費	出演者旅費交通費	1	往復	3	人	1,000	3,000
	ボランティアスタッフ交通費	1	往復	5	人	1,000	5,000
借損料	会場利用料（小ホール、楽屋2部屋）	1	日			150,000	150,000
	付帯設備利用料	1	式			60,000	60,000
	機材レンタル費（字幕機材等）	1	日			20,000	20,000
消耗品	雑費（消耗品、ケータリング等）	1	式			20,000	20,000
会議費	打合せ費（出演者打合せ、司会打合せ、舞台技術打合せ、スタッフ打合せ、他）	5	回	3	人	200	3,000
通信運搬費	チラシ発送費	500	箇所			140	70,000
	通信費	1	式			10,000	10,000
	機材運搬費	1	往復			10,000	10,000
雑役務	字幕入力費（遠隔）	1.5	時間			40,000	60,000
	ステージプログラム制作費（照明・映像プラン）	1	式			60,000	60,000
	デザイン費（チラシ／プログラム）	1	式			80,000	80,000
	チラシ印刷費（A4 4/1）	3000	部			2.5	7,500
	プログラム印刷費（A3 4/4）	100	部			80	8,000
	音声コード作成費	1	個			13,000	13,000
	かんたんチラシ印刷費（A4 1/1）	50	部			30	1,500
	封入作業費	500	部			20	10,000
	進行台本作成費	1	式				
	運営マニュアル作成費	1	式				
	舞台人件費	1	日	4	人	25,000	100,000
	運営統括人件費	1	日	1	人	25,000	25,000
	運営スタッフ人件費	1	日	2	人	15,000	30,000
保険料	イベント保険料	1	式				

準備が8割

……………… 事業制作

第7章

事業制作とは、鑑賞サービス事業に必要なモノ・ヒトをすべて事前に用意し、コトに備えることをいいます。

1. 事前準備

制作では、「理解を広める」ということを意識して業務に取り組みます。

事業づくりには、いろいろな人が関わります。出演者や舞台技術スタッフ、広報担当者、運営スタッフ、駐車場の警備員、当日来場者など。この人たちに、しっかりと「だれもが参加できる事業」であることを発信し、計画的に制作業務を遂行します。

(1) 実施体制づくり

制作業務ではじめにすることは、スケジュールと要員計画の作成です。一般的な事業づくりに比べて、広報や募集締め切り、出演者からのセットリスト回収、台本提供のタイミングは早めに設定します。これは、障害のある人たちへの鑑賞サービスを実施するための準備が必要だからです。

スケジュール作成――通常より余裕をもって

障害のある人のなかには、情報をキャッチするのが困難なため、届くまでに時間のかかる人がいます。また、情報をキャッチしても、文字の読み書きやコミュニケーションが困難であったり、同伴者を見つける必要があるために、申し込むまでに時間のかかる人もいます。

広報スケジュールを立てるときには、余裕をもったスケジュール計画を立てます。

要員計画・調整――意識の共有を

企画段階で見積もりを依頼していた手話通訳や字幕、音声ガイドを実施してもらう企業・団体、スタッフに正式依頼をかけます。舞台技術チームであれば舞台監督に、運営まわりであれば運営統括に実施体制を伝え、情報を共有します。

手話や音声ガイドといった鑑賞サービスは、福祉団体がその役割を担っている場合があります。その人たちのなかには、舞台の現場に慣れていない人もいます。同様に、舞台技術スタッフも福祉のことをあまり理解していない人もいます。「舞台」と「福祉」をつなぐ調整も鑑賞サービスをデザインしていく人の役割になります。

出演依頼――出演者にも協力要請

余裕をもった広報スケジュールを組み、早めのチケット販売を展開するには、出演者からの情報を早めに回収しなければなりません。もう一つ出演者調整で重要なことは、鑑賞サービスがあることを伝えておくことです。

鑑賞サービスがついている事業の数は、まだまだ多いとはいえません。そのため、出演者でも鑑賞サービスのことをよく理解している人は少ないでしょう。出演依頼の段階で事業の趣旨に賛同してくれたからといって、障害のある人たちのことを理解しているわけではありません。

出演者には、依頼の段階で障害のある人も参加できる事業であること、そのために鑑賞サービスを実施すること、鑑賞サービスを実施するために協力してもらいたい内容を伝えます。

情報提供――事前の共有が肝心

出演者から、それぞれの鑑賞サービスを実施するために必要な情報を収集します。収集した情報は、速やかに各スタッフに共有します。最終資料は、1週間前を目処に情報提供する計画とします。

当たり前のことですが、情報提供後から本番が終了するまでに発生した変更については、舞台チーム同様、各鑑賞サービスを担当するスタッフにも伝えます。

手話通訳を実施する場合の情報提供

演劇の場合

・台本のほか、映像資料がある場合は提供してもらいます。

コンサートの場合

・セットリストにMCが入る箇所を記してもらいます。

講演会の場合

・スクリーンにスライドを表示する場合は、スライド資料を提供してもらいます。
・登壇者には、ゆっくり話すこと、話の段落ごとに少し間をとることなどをお願いしておきます。

字幕を実施する場合の情報提供

演劇の場合

・台本のほか、映像資料がある場合は提供してもらいます。
・アフタートークがある場合は、固有名詞や地名など、出てくる可能性のある単語だけでも提供してもらい、誤った表示を減らす準備をします。

コンサートの場合

・歌詞を出す場合は、歌詞を提供してもらいます。
・セットリストにMCが入る箇所を記してもらいます。
・固有名詞や地名など、出てくる可能性のある単語だけでも提供してもらい、誤った表示を減らす準備をします。

講演会の場合

・スクリーンにスライドを表示する場合は、スライド資料を提供してもらいます。
・固有名詞や地名など、出てくる可能性のある単語だけでも提供してもらい、誤った表示を減らす準備をします。
・登壇者には、ゆっくり話すこと、話の段落ごとに少し間をとることなどをお願いしておきます。

音声ガイドを実施する場合の情報提供

演劇の場合

・台本のほか、映像資料がある場合は提供してもらいます。
・キャストの衣装や舞台美術の情報、当日配布プログラムや物販の有無についての情報を提供してもらいます。

コンサートの場合

・セットリストに本人のMCが入る箇所を記してもらいます。
・編成や舞台上の位置関係についての情報を提供してもらいます。
・出演者の衣装や舞台美術の情報、当日配布プログラムや物販の有無についての情報を提供してもらいます。

講演会の場合

・スクリーンにスライドを表示する場合は、スライド資料を提供してもらいます。
・登壇者の衣装や舞台セット、当日配布プログラムや物販の有無についての情報を提供してもらいます。

演出とタイムテーブル── 来場予定者の障害特性を伝える

来場予定者のなかにどれくらい障害のある人がいるのか。その人は、どんな鑑賞サービスが必要な人なのか。その障害の特性はどういったものなのか。これらの情報を出演者に可能な範囲で伝えます。その結果、演出やタイムテーブルが変わることもあります。

出演者に提供する情報の例をいくつかあげてみます。

移動障害のある人がいる

・盲導犬を伴っている人が客席最前列に座っていること。
・音声ガイドを希望している視覚障害者が来場すること。
・車いす利用者が来場すること。
・この人たちは移動障害のある人たちで、混雑を避けて安全に移動する必要があること。
・お手洗いに時間がかかること。

ガイドヘルパーを伴っている人がいる

・ガイドヘルパーを伴っている場合は、ガイドヘルパーを時間単位で依頼していること。
・そのため、早く来ることも、遅く帰ることもできないこと。
・コンサートやアフタートークが盛り上がって時間が長引いても、その人たちだけは、その盛り上がっているなか、帰らなければならないこと。

言語が違う人がいる

・言語が手話の人たちの拍手はパチパチと手を叩くのではなく、両手を垂直にあげて手首を回し、手の表裏を交互に見せる仕草になること。

劇場・ホールでの鑑賞が不慣れな人がいる

・発達障害のある人のなかには、暗いところや大きな音が苦手な人がいること。
・本番がはじまるベルの音や、客席が暗くなることにびっくりして大声を出したり、ホールの外に飛び出してしまう人がいること。

(2) 広報・宣伝

広報では、伝えたい情報を明確にする、障害のある人にも情報が届く発信方法や手段を考えて実施する、多様な人からのチケット購入や申し込み・問い合わせがあることを想定します。

集客を目的とする一方、正しく理解してもらえるような情報を発信するという考えをもっておくことが重要です。

広報・宣伝計画──観客の準備期間に配慮する

先に述べましたが、障害のある人のなかには、移動するのにガイドヘルパー（同行援護従業者や行動援護・移動支援従業者）が必要な人もいます。ガイドヘルパーの利用は、1カ月あたりの支給時間が各市町村で定められています。

せっかく公演に訪れたいと思っても、ガイドヘルパーを手配できないという理由で鑑賞に訪れることを断念しなければならない場合もあります。

ガイドヘルパーを利用する人が計画的に手配できるようにするためにも、1カ月前にはチケットの購入が完了しているとよいでしょう。参加費が無料の場合は、応募締め切りを早めに設定し、1カ月前には当落の通知が届くようにします。

チラシづくり──実施する鑑賞サービスを明記

チラシやポスター、SNS（Social Networking Service）、ホームページに情報を掲載するときは、実施する鑑賞サービスのことをしっかりと明記します。手話通訳や字幕、音声ガイドが「ある／ない」の情報は、障害のある人にとって「行く／行かない」を判断するとても大きな材料です。

手話を話せない人が、手話だけの演劇公演を観に行くのと同じだと考えてください。すべて手話のみで表現されていた場合、その人にとっては無音の演劇になります。理解度は極端に落ちるのではないでしょうか。鑑賞中に自分の隣に座っている人はゲラゲラと笑っているのに、自分にはなぜその人が笑っているのかがわからない状態です。そんな経験を一度でもしたら、チラシに「音声言語あり」と明記されていなければ鑑賞に行こうとは思わないかもしれません。障害のある人たちも同じです。情報サービスをしっかり明記することは、それほど重要な要素なのです。

広報先を考える――いかに届けるか

点字チラシやかんたんチラシ、白黒反転など、障害のある人に情報が届きやすい形に変える工夫を凝らしたさまざまなチラシがあります。公演情報や会報誌をCDに書き込んで音声データで届けるという方法もあります。工夫の方法はいろいろです。では、それら工夫されたチラシをいったいどのようにして当事者に届けたらいいのでしょうか。

一番よいのは、当事者に直接届けることです。しかし、普段、あまり障害のある人たちとかかわりがない劇場・ホールのスタッフにとって、それは容易なことではありません。

そこで、まず障害のある人たちがどのような学校に通い、卒業後はどこに行くのかを知ります。

そのことから、地域の障害のある人たちの居場所を考えてみます。

小学校・中学校・高等学校

特別支援学校

心身の障害がある児童・生徒が通う学校です。文部科学省による「学校教育法の一部を改正する法律」（平成19年4月1日施行）によると、「障害による学習上又は生活上の困難を克服し自立を図るために必要な知識技能を授けることを目的」とされています。

主な対象は、視覚障害、聴覚障害、知的障害、肢体不自由、病弱、身体虚弱の児童・生徒です。視覚支援学校や聴覚支援学校があります。

特別支援学級

障害の種別ごとの少人数学級で、障害のある児童・生徒一人ひとりに応じた指導を行う学級です。一部の教科の指導は、通常学級で行う場合もあります。

主な対象は、知的障害、肢体不自由、身体虚弱、弱視、難聴、その他の障害がある児童・生徒です。

通常学級

障害があっても通常学級に通っている児童もいます。通常学級に通う児童・生徒のうち6.5%程度は、学習障害（LD）、注意欠陥多動性障害（ADHD）、自閉スペクトラム症（ASD）など、発達障害のある人だといわれています。

卒業後の進路

一般就労

障害者雇用率制度によって、民間企業、国・地方公共団体、都道府県等の教育委員会は、一定の割合（法定雇用率）以上で障害者を雇用することが義務づけられています。

平成30年4月1日の法定雇用率は、民間企業で2.2%、国・地方公共団体で2.5%、都道府県等の教育委員会で2.4%とされています。厚生労働省によると、民間企業に雇用されている障害者数は49.6万人とされています（平成29年6月1日現在）。

参考

厚生労働省・都道府県労働局・ハローワーク「障害者雇用のご案内～共に働くを当たり前に～」

福祉就労

就労継続支援A型・B型などの福祉事業所で仕事をしている人がいます。

A型は雇用契約があり、最低賃金も保証されています。平成25年に厚生労働省が発表した平均月額賃金は69,458円（時間額:737円）でした。

B型は雇用契約がなく、工賃もバラバラです。全体で見た平均月額賃金は14,437円（時間額:178円）ですが、上位25%の事業所の平均工賃が26,028円（時間額:357円）に対し、下位25%の事業所は4,495円（時間額:74円）と、その差は大きいです。

厚生労働省によると、A型は全国に**事業所数:2,623、利用者:46,446人**、B型は**事業所数:9,176、利用者:193,508人**と報告されています（国保連データ平成27年2月）。

その他、就労を希望し、通常の事業所に雇用されることが可能と見込まれているものに対して生産活動や職場体験、就労に必要な知識および能力向上のために必要な訓練などを支援する就労移行支援事業所（2年の利用期限あり）の数は**2,952、利用者は28,637人**います（国保連データ平成27年2月）。

大学や短期大学へ進学

特別支援学校を卒業した人のうち約4%は大学や専修学校へ進学します。

生活介護

趣味の創作活動や内職の仕事をしている人もいます。

障害者職業能力開発施設

1年間、給与をもらいながらパソコンや清掃、パンづくりなどの訓練を受けて、一般就労を目指します。

障害のある人たちの居場所を考えたとき、特別支援学校や就労継続支援などの福祉的な居場所だけを考えてしまいます。実際には、一般就労している人もたくさんいます。地域の民間企業で、障害者雇用を推進している会社と連携していくことも一つの手かもしれません。

その他、地域には行政の障害福祉部や社会福祉協議会、点字図書館、手話通訳や要約筆記の派遣センター、障害のある人たちの支援事業に取り組んでいる作業所やNPO団体など、たくさんの障害者支援団体や施設があります。なかには、障害のある人たちの情報発信拠点になっているところもあります。そういったところとつながり、できるかぎり当事者に直接情報が届くように努めます。

（3）受付体制

きちんと情報が届き「行ってみたい」と思ってもらえれば、次はチケット購入や申し込み手続きに進みます。最近はインターネットによるチケット販売や申し込みがとても便利になりました。管理面からみてもインターネットから申し込んでもらうほうが確実で、効率がよいです。しかし、障害のある人たちの申し込みは、アナログが多いのが現状です。

インターネットと合わせて、アナログでの申し込み受付体制を構築しておきます。

情報サービスが必要な方の申込受付体制 ── アナログの窓口を開設

・メールやインターネット上の応募フォーム以外に、電話、ファックス、ハガキ、封書、直接来館して申し込み手続きができるなど、アナログな申し込み窓口を開設しておきます。
・購入や申し込み、問い合わせがあったときは、障害の種別を聞くのではなく、必要な（希望する）サービスを聞くようにします。
・チケットを送る場合は、座席位置がわかる座席表を一緒に送ります。
・視覚障害のある人からの申し込みがあった場合は、チケットを当日受付でお渡しする対応がとれるとよいでしょう。
・優先入場がある場合は、そのことを事前に伝えます。
・介助や介護が必要な人は、介助者または介護者を伴っていただくようにお願いします。

必要な情報サービスを利用できる配席 ── 一定期間あけておくこと

・情報サービスを希望する人が、それらを利用できる座席に配席します。
・受付窓口を担当するスタッフは、手話通訳の立ち位置や字幕が表示される位置、貸し出し機器の種類や貸し出し上限台数、車いすの許容台数など、客席の全容と情報サービスの実施内容を把握して、問い合わせがあったときに対応できるように準備しておきます。
・一定期間、情報サービスを利用しやすい席を確保しておきます。情報サービスを必要としない人が先にその座席を購入してしまったために、必要としている人がサービスを利用できなかったという結果では、意味がありません。

受付窓口における情報サービスごとの基本対応

手話通訳

・手話通訳者の立ち位置を案内
・手話通訳の見やすい座席を提案
・連絡対応はメールやファックスが基本

ヒアリングループ

・ヒアリングループが利用できるエリアを案内
・本人の補聴器／人工内耳のTコイルを利用いただくことを案内
・本人の補聴器／人工内耳がTコイルに対応している機種かどうかは、本人に確認いただくようお願いする（こちらでは確認できないことを伝える）
・補聴器やネックループの貸し出しがある場合は、当日受付で貸し出すことを案内
・連絡対応はメールやファックスが基本

手話通訳＋ヒアリングループ

・手話通訳者の立ち位置とヒアリングループが利用できるエリアを案内
・ヒアリングループが利用できるエリア内で手話通訳の見やすい座席を提案
・本人の補聴器／人工内耳のTコイルを利用いただくことを案内
・本人の補聴器／人工内耳がTコイルに対応している機種かどうかは、本人に確認いただくようお願いする（こちらでは確認できないことを伝える）
・補聴器やネックループの貸し出しがある場合は、当日受付で貸し出すことを案内
・連絡対応はメールやファックスが基本

字幕

・字幕が表示される位置を案内
・字幕が見やすい座席を提案
・表示端末の貸し出しが複数ある場合（タブレット・メガネ型ディスプレイ等）は、どれを利用するかを確認
・貸し出し端末は当日受付で貸し出すことを案内
・貸し出し端末によって座席が指定される場合は、指定席であることを案内
・連絡対応はメールやファックスが基本

手話通訳＋字幕

・手話通訳者の立ち位置と字幕が表示される位置を案内
・手話と字幕の両方が見やすい座席を提案
・表示端末の貸し出しが複数ある場合（タブレット・メガネ型ディスプレイ等）は、どれを利用するかを確認
・貸し出し端末は、当日受付で貸し出すことを案内
・貸し出し端末によって座席が指定される場合は、指定席であることを案内
・連絡対応はメールやファックスが基本

音声ガイド

・通路に面した座席、最前列や中通路の一番前の席など、出入りしやすい席を提案
・本人の希望の席を確認
・介助者がいる場合は、隣に座れるように配席
・受信レシーバーは、当日受付で貸し出すことを案内
・点字や音声コード、拡大字版、白黒反転のパンフレットがある場合は、必要かどうかを確認
・駅までの送迎サービスがある場合は、送迎サービスの詳細を伝える
・連絡対応は電話が基本

車いす

・車いすの種類やサイズを確認
・車いすのまま鑑賞するか、一般席に移動するかを確認
・一般席に移動される場合、移動しやすい座席を提案
・介助者（介護者）がいる場合は、本人の横に椅子を置いて座るか、あるいは車いす席から近い一般席に座るかを確認
・その他の情報サービス（手話・字幕・音声ガイド等）が必要かどうかを確認

補助犬同伴

・来場者の通行が少ない座席（補助犬が踏まれたりする可能性の低い座席）を提案
・本人の希望の席を確認
・盲導犬の場合は、［音声ガイド］の内容を案内
・聴導犬の場合は、［手話通訳＋字幕］の内容を案内
・介助犬の場合は、［車いす］の内容を案内

（4）舞台技術調整

舞台上で手話通訳を実施する場合は、手話への明かりが必要になります。

遠隔字幕を実施する場合は、音声ラインや劇場・ホールのインターネット環境の利用、字幕オペレートを実施するスペースが必要になります。これらは、すべて舞台技術スタッフと調整して協力を得る必要があります。

舞台技術スタッフと調整していくときには、手話通訳や字幕、音声ガイドといった情報サービスを後付け（舞台の外）にしてはいけません。音響や照明、映像と同じように、同時に進めていく必須セクションであり、情報サービスも舞台チームであると認識しておかなければなりません。

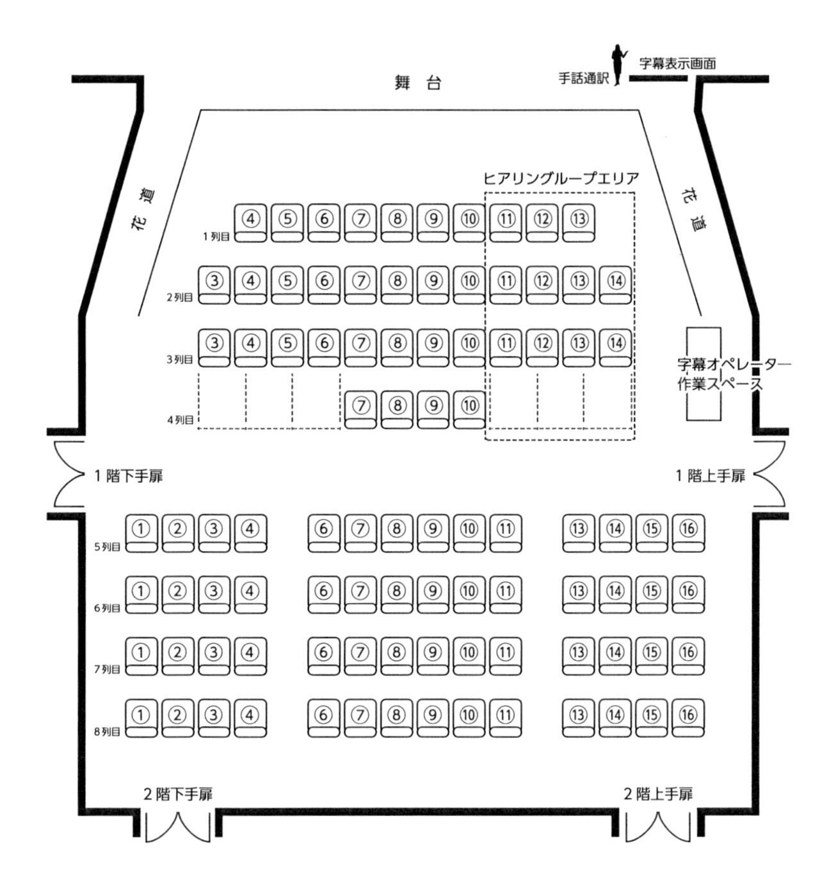

図7-1　各サービスの配置例

舞台技術・進行における情報サービスごとの調整

手話通訳

・手話通訳の立ち位置を調整

・手話通訳の立ち位置に手話明かりを設置

・手話通訳のデハケ（登場と退場）のタイミングを進行スタッフに伝える

・立ち位置を確認するリハーサル時間を調整

ヒアリングループ

・ヒアリングループが会館備品にある場合は、使用することを伝える
・ヒアリングループの機材を持ち込む場合は、機材の詳細を伝える
・ヒアリングループ用に音声ラインを分けてほしいことを音響スタッフに伝える
・分けてほしいコネクターの形状を音響スタッフに伝える
・実施テストするリハーサル時間を調整

字幕

・字幕を映し出すスクリーンやプロジェクターの位置を調整
・スクリーンやプロジェクターが会館備品にある場合は、使用することを伝える
・機材を持ち込む場合は、機材の詳細を伝える
・仕込み時間、表示テストするリハーサル時間を調整

現場で字幕の文字入力をする場合

・字幕チーム３～４名が入力作業ができる場所（机2つ程度）を調整
・場所は、舞台が見える場所
・机、椅子、パソコンの電源がとれるコンセント、手元明かりの準備を依頼
・字幕チーム全員が音声モニターをヘッドホンで聞けるように準備を依頼

遠隔で字幕の文字入力をする場合

・字幕オペレーターが作業を実施できる場所（机1つ程度）を調整
・場所は、舞台が見える場所が望ましいが、劇場・ホールの環境によっては直接見えない場所でも可能。その場合は舞台の様子が見られる映像モニターは必須
・机、椅子、パソコンの電源がとれるコンセント、手元明かりの準備を依頼
・遠隔字幕用に音声ラインを分けてほしいことを音響スタッフに伝える

・分けてほしいコネクターの形状を音響スタッフに伝える
・インターネット環境が設備にある場合は、使用することを伝える
・インターネット環境が設備にない場合は、モバイルWi-Fiルーターを持ち込むことを伝える。携帯電話抑止装置がある場合は、オフにすることを依頼
・事前にモバイルWi-Fiルーターの電波状況や通信速度を計測する会場下見の日時を調整
・スクリーン以外に字幕を表示する場合は、端末機の詳細や台数を伝える

音声ガイド

・仕込み時間、音声ガイドの送受信テストのリハーサル時間を調整

同時通訳ブースとシステムがある場合

・同時通訳ブースとシステムを使用することを伝える
・同時通訳ブース内で音声モニターをヘッドホンで聞けるように準備を依頼（ヘッドホンは、音声ガイドスタッフの持ち込みが基本）
・手元明かりの準備を依頼

同時通訳ブースやシステムがない場合

・音声ガイドを実施する場所を調整
・場所は、舞台が見える場所が望ましいが、劇場・ホールの環境によっては直接見えない場所でも可能。その場合は舞台の様子が見られる映像モニターは必須
・音声モニターをヘッドホンで聞けるように準備を依頼（ヘッドホンは、音声ガイドスタッフの持ち込みが基本）
・机、椅子、手元明かり、卓上マイク（オンオフ操作できるもの）の準備を依頼
・音声ガイドの送受信機を持ち込む場合は、機材の詳細を伝える
・事前に送受信機の電波エリアを測定する会場下見の日時を調整
・音声ガイド送信機の設置位置を調整

舞台当日

…………事業運営

第8章

事業運営とは、本番当日の設営・開場・舞台・閉場・撤去までのすべての業務をいいます。

1.当日体制

当日運営業務には、進行管理や会場運営、楽屋管理、ケータリング、票券受付などがあります。運営で大切なことは「コミュニケーション」です。よいコミュニケーションとは、どのようなコミュニケーションか、と聞かれると多くの人が「積極的なコミュニケーション」と答えると思います。もちろん、積極的なコミュニケーションは素晴らしいことです。障害のある人のなかには、一見、障害者であることがわかりにくい人もいます。ですので、運営の基本として、困っている人には積極的にコミュニケーションをとります。しかし、運営で大切なコミュニケーションには、積極的なコミュニケーションのほかに、もう一つあります。それは「断ることのできるコミュニケーション」です。

障害者差別解消法が施行されて「障害を理由とした差別の禁止」と「合理的配慮の提供」が法律で定められました。法律が施行されて以降、なかには、障害のある人からの要望は断ることができない、と思っている人がいるかもしれません。しかし、そうではありません。大切なのは、「できること」と「できないこと」をしっかりと把握し、できないことは、きちんとその理由を伝えてお断りすることができるコミュニケーション能力を身につけることです。代替え案を提案し、一緒に相談できれば、なおよいでしょう。

コミュニケーション能力は、一朝一夕で身につくものではありません。基本的な知識や技術を学んだうえで、洞察力や想像力、表現力を経験から磨いていく必要があります。トレーニングできる現場を一つでも多く用意して、現場での経験を積むことが重要です。

（1）運営スタッフの心構え

第３章ですでに述べましたが、障害種別はとても多様で、同じ障害種別でも人によって程度や必要なサービスはさまざまです。ここに書いてあることがすべてではありません。ここに書いてある対応があてはまらない人もいます。そのことを必ず覚えておいてください。

相手の人格を尊重する―― 本人と話すこと

障害のある人のなかには、障害のない人と見た目が違う人もいれば、コミュニケーションの方法が異なる人もいます。そのことが理由で、まわりから敬遠された、人格そのものを否定された、という経験をもっている人もいます。

対応するときには、相手の人格を尊重し、介助者ではなく障害のある本人と直接対応するようにします。思い込みや押しつけではなく、本人が必要としていることを確認します。

困っている人に進んで声をかける―― 必要なサービスはないか

車いすに乗っている人や白杖を利用している人など、パッと見て障害のある人だとわかる障害もあれば、聴覚や発達に障害がある人のように、見た目では障害の有無や種別がわからない障害もあります。

運営の現場では、常に来場者のなかに障害を感じている人が含まれているということを念頭において行動します。声をかける際は、障害の種別を問うのではなく、その人にとってどのようなサービスが必要かを本人に聞くようにします。

コミュニケーションを大切にする——慌てずに、わかるまで

相手の話をよく聞くことが大切です。わかったふりをするのではなく、ゆっくり、丁寧に相手の意思を確認するようにします。繰り返し確認してもわからない場合は、ジェスチャーや筆談など、他の方法に切り替えてコミュニケーションを図ります。

対応方法がわからない場合は、たらい回しにするのではなく、周囲に協力者を求めて複数人で対応するようにします。

現場では常に想定外のことが起きます。できるだけ慌てずに対応することを心がけます。

特別な言葉は使わない——他の来場者と同じように

差別的な言葉はもちろん、不快と感じられる言葉は使いません。発達障害や知的障害のある人のなかには、自分よりも年齢は上だけど、精神的な年齢は低い人もいます。だからといって子ども扱いした言葉は使いません。また、特別扱いしたような言葉も使いません。他の方と同じように、相手を尊重した言葉を使います。

プライバシーには立ち入らない——守秘義務

障害の原因や内容について、必要もないのに聞いたりしません。仕事上で知り得た個人情報については、守秘義務の必要性があります。

これらの心構えは、何も障害のある人たちを迎えるためだけに限ったものではありません。むしろ運営をしていくうえでは、当たり前のことです。しかし、今まで劇場やホールに足を運んだ経験がない、または、ほとんどない人たちを迎えるためには、もう一度初心に立ち返り、確認していただきたい事柄です。

(2) 障害種別ごとの対応の基本

基本的な心構えを念頭に、障害の種別ごとの対応基軸を紹介します。

視覚障害のある人への対応

・スタッフであることを名乗り、手引き（案内）や鑑賞サービスが必要かどうかを尋ねる
・手引きが必要な場合は、白杖を持っている手の反対側に移動し、半歩前に並ぶように立つ
・相手に自分の肘をつかんでもらい、スタッフ側から相手の手に触れる場合は、「失礼します」と声をかけてから触れる
・基本的には肘をつかんでもらうが、相手によっては「肩を持ちたい」という人もいます。また、小さなお子さまの場合、「手をつなぐ」方法を希望する人も。相手の希望に合わせて対応する
・狭いところを通る場合は、そのことを伝えてから肘を後ろに回し、相手の前に立ち、一列になるようにしてゆっくりと進む
・座席に座る場合は、相手の手を背もたれかシートに触らせ、場所を確認してもらってから着席してもらう
・座面が跳ね上がるタイプの場合は、そのことを伝えて、必要に応じてスタッフが座面を下ろした状態にする
・座席に案内した際には、「何かあれば手をあげてください」というような声かけをしておく
・トイレに案内する場合は、洗面台の位置、水の出し方、便器・便座の位置、トイレットペーパーの位置、水を流すレバーやスイッチの位置、鍵の開閉方法などを伝える
・異性をトイレに案内する場合は、同性スタッフに引き継ぐ
・点字や拡大字版のプログラムがある場合は、そのことを伝える
・アンケートがある場合は、代筆を申し出る。個人情報などを代筆する場合は、復唱がまわりに聞こえないよう配慮する

ワンポイント

・手引きするときは、黙って案内するのではなく、景色などを伝えてあげるとよい。
・「こちら」「あちら」「これ」「それ」といった指示語ではわからないので、場所を説明する場合は「30センチ右」「2歩前」といったように方向と距離を具体的に伝える。
・ものを説明する場合は、そのものをできるだけ具体的に説明し、場合によっては相手の了承を得たうえで手に触れてもらい説明する。

聴覚障害のある人への対応

・筆談できるようにメモと筆記用具を携帯しておく
・筆談では、言葉をすべて書くのではなく、端的に伝える
・相手の意思を確認する場合は、相手にメモと筆記用具を渡して書いてもらう
・筆談は、タブレットやスマートフォンのアプリを活用するという方法もある
・手話による会話を希望された場合は、手話通訳スタッフに引き継ぐ（手話通訳スタッフがいない場合は、筆談で対応）
・口話による会話を希望された場合は、相手に口の動きがわかるように正面からはっきり、ゆっくり話し、筆談や空書を併用する
・マスクをしている場合は、外して会話する
・口の形が似ている言葉は区別がつきにくいので、言い方を変える、文字で書くなどして補う
・叫んだり、大声で話したりすると、かえって口元がゆがんで読話できないことがある。補聴器から聞こえる音声をゆがめることになる場合もある
・表情やジェスチャー、ボディーランゲージは、会話を補うヒントになる

ワンポイント

・聴覚障害のある人と会話をする場合は、一人ずつ順番に話すようにする。
・読話、読唇で伝わる単語は3割程度といわれている。
・書類などを説明する場合は、書類を読んでもらう時間と説明する時間を分けるようにする。
・視覚障害との重複障害（盲ろう者）の場合、手話に触れて伝え合う「触手話」というコミュニケーションの方法がある。

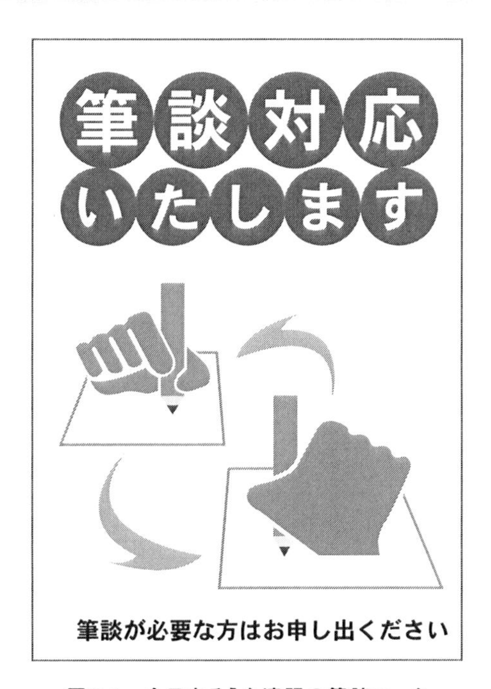

図8-1　全日本ろうあ連盟の筆談マーク

車いす利用者への対応

・スタッフであることを名乗り、鑑賞サービスが必要かどうかを尋ねる
・車いすを押す場合は、「前に進みます」「右に曲がります」など、事前の声かけを心がける

・のぼりの段差がある場合は、車いすの前輪が引っかかり、勢いで利用者が前に倒れこんでしまうことがあるので、段差を登る前に一時停止し、ティッピングレバーを足で踏んで前輪を少し浮かせて乗り越えるようにする

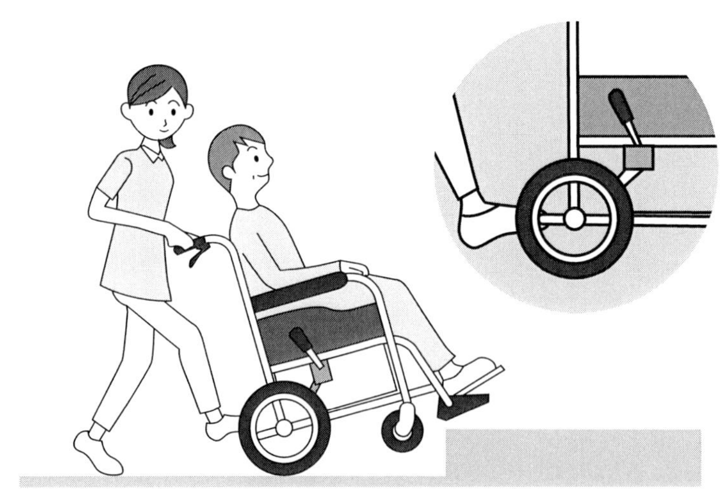

図8-2　段差を上る

・急なスロープを下るときは、後ろ向きに降りるようにする。傾斜がきつい場合は、ブレーキをかけ、スピードを調整しながら降りる

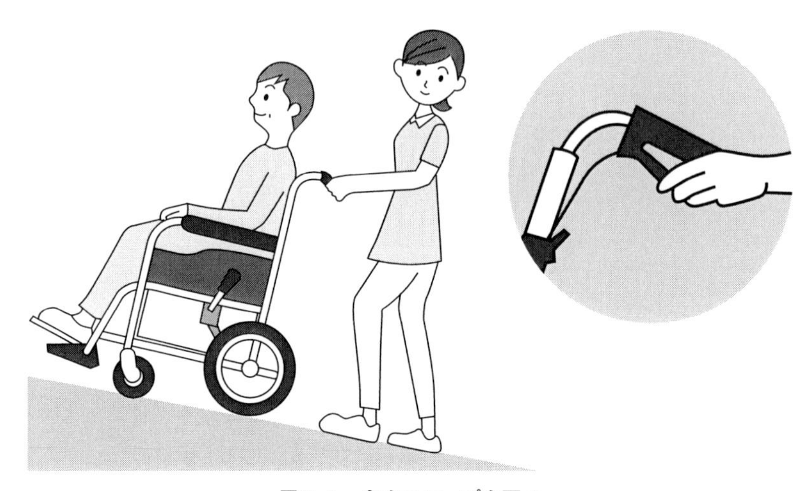

図8-3　急なスロープを下る

・一般席への移動を希望された場合は、介助の方法を本人に確認し、必要に応じて応援のスタッフを呼ぶ。必ず車いすのストッパーをかけてから転倒に気をつけて移動させる
・一般座席に移動された人がどこに座っているのかをスタッフ間で情報共有しておく
・電動車いすの場合は、前を歩いて通路を確保し、スロープや段差がある場合は事前に知らせる
・座席に案内した際には、「何かあれば手をあげてください」というような声かけをしておく

ワンポイント

・車いすに乗っている人とコミュニケーションをとるときは、スタッフ側が膝を落とすなど、車いす利用者と同じ目線になるようにして話をする。
・車いすは、絨毯の上では進みにくい。また、ホールの重たい扉を開けるのも困難な場合がある。
・電動車いすを利用している人のなかには、鑑賞中にバッテリーの充電を希望される人がいる。

杖を使っている人の対応

・杖の種類には、松葉杖、T杖、ロフストランド杖、多脚型杖などがある
・急がせたり、慌てさせるようなことをしない。それぞれのペースでゆっくりと移動してもらうようにする
・混雑したときは、前を歩いて通路を確保する

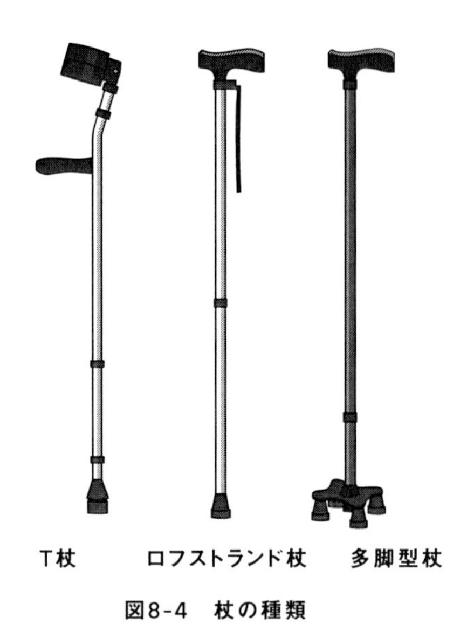

図8-4　杖の種類

補助犬の対応

- 盲導犬を伴っている人を手引きする場合は、盲導犬を含めた通路幅が必要になることを想定して案内する
- 介助犬を伴っている人の車いすを押す場合は、車いすで介助犬を踏まないように気をつける
- 補助犬用のトイレの場所を事前に決めておく。近隣に土や草の生えている場所があれば、そこに案内し、ない場合は人目につきにくい場所を事前に決めておく。パーティションなどで区切り、目隠しされたスペースをつくっておくという方法もある。盲導犬の場合は、ビニール袋のなかへ直接排泄物を入れるようにトレーニングされているので、地面に排泄物を落とすことなく処理できる
- 補助犬はもちろん、ハーネスには触れない
- 口笛を吹いて呼ぶ、食べ物を与える、といった行為をする人がいたら、直ちにやめるように注意する

ワンポイント

・身体障害者補助犬法により、補助犬使用者は定期的なシャンプーや毎日のブラッシングによって常に補助犬を清潔な状態に保つことが義務づけられている。抜け毛予防のために洋服やケープをつけている場合もある。
・盲導犬を伴っている人が全盲とは限りません。ロービジョン（弱視）の方でも盲導犬を伴っている場合がある。

発達障害・知的障害のある人への対応

・必要に応じて親子室や母子室などへ案内する
・大きな声を出す、席を立ち上がる、ホール内をウロウロするといった行動が出た場合は、落ち着かれるまで一旦ホールの外に出ることを提案する
・会話をするときは、絵や図などを使って具体的に説明。コミュニケーションカードを作成しておくとよい

ワンポイント

・一度にたくさんのことを伝えても混乱してしまうので、一つずつ、ゆっくり伝える。
・「椅子」はわかっても「座席」はわからない場合がある。本人がわかる言葉を確認しながら対応することを心がける。

鑑賞者として育成する事業の場合

準備

・来場予定者の情報を把握しておく
・余計なものは片づけておく

心構え

・小さな一歩を踏み出す意欲を育てる
・プライドに配慮する
・自信につながる社会経験を積んでもらう
・言葉以外に、身振り、動作、文字、絵、身体接触など、いろいろなコミュニケーション手段があることを知っておく

内部障害のある人への対応

・酸素ボンベを使用されている人が来場する場合は、酸素ボンベを近くに置けるスペースのある座席に配席する
・劇場や施設にオストメイト（人工肛門保有者／人工膀胱保有者）対応のトイレがあるかどうかを確認する
・オストメイト対応のトイレがない場合は、施設の近くでオストメイト対応のトイレがある施設等を確認し、把握しておく

オストメイト用設備マーク

図8-5　オストメイト用設備マーク
（公益財団法人交通エコロジー・モビリティ財団より）

(3) 運営準備

最寄り駅からのルート

視覚障害のある人を最寄り駅から劇場・ホールまで送迎する場合、移動ルートを事前に確認しておきます。対応するスタッフの人数も決めて

おきます。待ち合わせ時間を約束していても、遅れてくる可能性もあります。必ず携帯電話やスマートフォンの番号を聞いておき、もしものときは連絡できるよう準備しておきます。

駐車場

障害者優先駐車場の申し込みがある場合は、駐車場の係員と情報を共有しておきます。必要に応じて三角コーンなどを立てておき、一般の方が間違えて利用しないようにしておきます。

駐車場や施設の入り口からエントランス、受付、客席までのルートを確認しておきます。

スロープ

スロープがある場合は、自走可能な傾斜かどうかを確認しておきます。スロープがあっても、勾配がきついために自走では上り下りできない場合があります。

図8-6　スロープのマーク
（公益財団法人交通エコロジー・モビリティ財団より）

扉

車いすに乗ったままでも開閉できる扉かどうかを確認しておきます。自力による開閉が難しい場所にはスタッフを配置します。人員の関係で常に配置するのが難しい場合は、来場予定者と時間をあらかじめ決めておいたり、到着したら連絡をもらうなど、必要な時間だけ配置できるような体制をつくっておきます。

サイン

文字情報を中心に情報を得ている人も来ることを想定して、サイン計画を立てます。受付やインフォメーションのサインは、少し高い位置に掲示します。

受付のサインは、机に貼ってある場合が多いですが、受付まわりに人が集まったときにサインが隠れてしまい、その場所が受付であるかどうかがわからなくなってしまう場合があるからです。

開場・開演時間、字幕表示機器の貸し出しなど、受付まわりに掲示するサインも同様に見やすい位置に工夫して掲示します。

ピクトグラム

絵文字を指で差してもらって会話ができるコミュニケーションカードを用意しておくことで、会話できる人もいます。お手洗いの場所などは、文字として表すだけではなく、マークやアイコンを活用すると、よりわかりやすいでしょう。

受付字幕

ホール内のアナウンスには字幕をつけているが、エントランス・アナウンスには字幕がない、というケースが多々あります。

「まもなく開場します」「チケットをご準備ください」「開場時間が遅れています」など、想定できるアナウンスは、事前にカンペボードなどに書いて用意しておきます。

この他にも、事前に準備できることはたくさんあります。当日の来場者を想像して準備することが、安全な運営体制を構築することにつながります。

¥
トイレ
自動販売機
喫煙所
段差注意
立ち入り禁止
禁煙

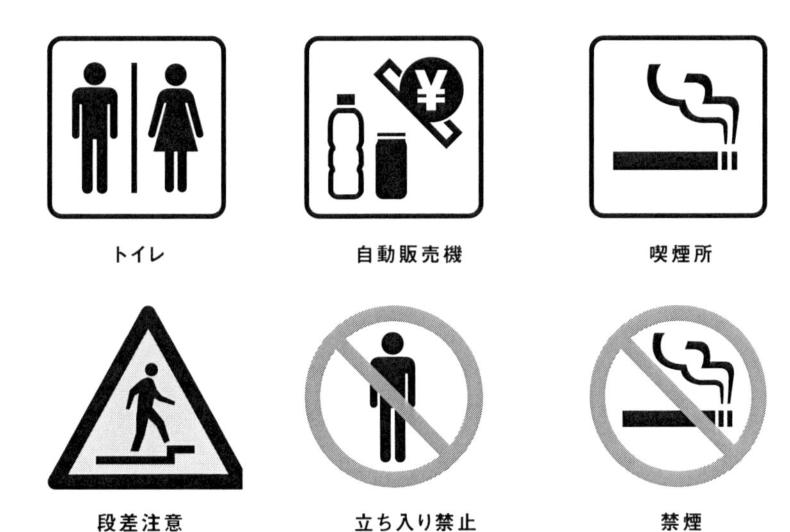

図8-7　さまざまなアイコン
（公益財団法人交通エコロジー・モビリティ財団より）

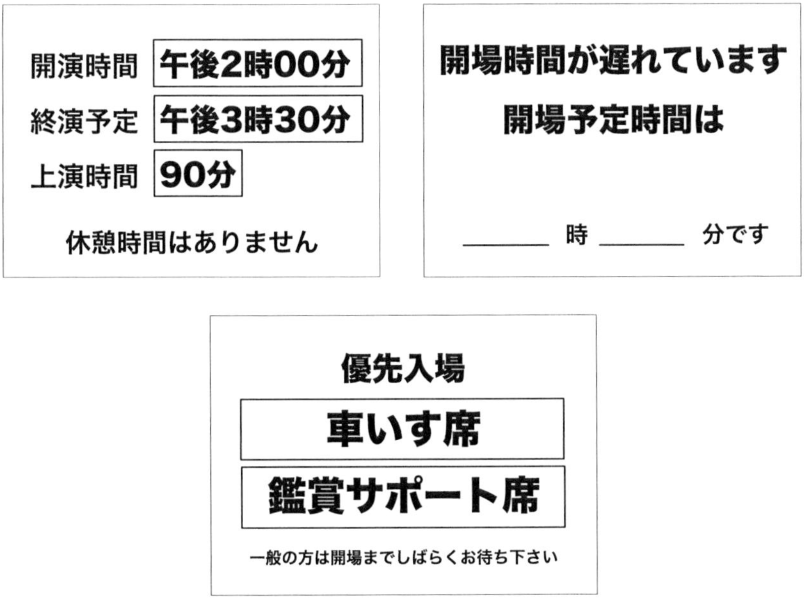

開演時間 午後2時00分
終演予定 午後3時30分
上演時間 90分
休憩時間はありません
開場時間が遅れています
開場予定時間は
時 分です
優先入場
車いす席
鑑賞サポート席
一般の方は開場までしばらくお待ち下さい

図8-8　受付字幕

緊急避難体制

障害のある人たちも参加できる環境をつくるためには、その人たちを鑑賞者として想定した緊急避難体制を考えておく必要があります。

緊急避難用マニュアルを作成する際や、日頃の避難訓練では要配慮者（防災施策において特に配慮を要する人）がいることを想定して実施します。

要配慮者の参加を想定した「観客への伝達」のワンポイント

緊急時の伝達には、主に予備放送、避難放送、解除放送があります。

「予備放送」は、事態を確認していることや落ち着いて待機してほしいこと、もしものときはスタッフの誘導に従ってほしい、といった内容を放送します。「避難放送」は、観客を避難させる場合の放送です。「解除放送」は、事態が収束したときの放送です。

これらのことを伝達するとき、聴覚障害のある人や言語的少数派の人への伝達方法も想定しておかなければなりません。緊急時ですので、PA（Public Address）が利用できるとは限りません。字幕も表示できない可能性があります。

少なくとも、スタッフは筆記用具と避難誘導マップを携帯しておかなくてはなりません。事前に、緊急避難時のアナウンス原稿をプリントしておき、携帯しておくのもよいでしょう。

要配慮者の参加を想定した「避難誘導」のワンポイント

車いす利用者や視覚障害のある人、高齢者など、移動障害のある要配慮者が避難するには、援助者が必要になります。移動障害のある人たちを優先的に避難させることができるよう、援助者の役割分担と手順を決めておきます。

要配慮者の数に対して援助者（スタッフ）の人員が不足している場合は、来場者に協力を呼びかけ、援助者として避難誘導を手伝ってもらう方法もあります。

要支援者ごとの留意事項

車いす利用者

・段差や足元が悪いところでは、車いすを後ろ向きにゆっくりと引くほうが、衝撃が少なく進むことができる。
・車いすごと担いで階段を降りる場合は、３名の介助者が必要となる。
・車いすから降りてもらい、背負うという方法もある。

視覚障害のある人

・視覚障害のある人の側に行き、スタッフが側にいることを伝える。
・手引きの方法など、必要なサポートを確認する。
・視覚障害のある人が複数いる場合は、視覚障害のある人同士で連なってもらい、一人で３～４人を一気に手引きして避難する。
・盲導犬がいる場合は、一緒に避難させる。

聴覚障害のある人

・正面から、口をはっきり動かして話しかけ、相手が自分の言葉を理解しているかどうか確かめる。
・暗い場所では、ペンライトを相手に渡して、自分の口元を照らして読んでもらう。
・言葉を理解していないと判断したときは、筆談に切り替える。

外国人

・外国語によるアナウンスや避難誘導マップを用意しておく。

障害者と社会

……………障害者関連法律の変遷

第9章

1. 障害者と法律

障害のある人たちも社会の構成員であると正しく理解され、現在の処遇を獲得していくためには、国民の概念を強制的に変える力をもった規範（＝法律）が不可欠でした。

劇場、文化施設に関係する法律としては、国・地方自治体の文化振興政策の根拠となる法律「文化芸術振興基本法」（2001年12月施行）と、文化拠点の活性化に対する国や地方自治体の責任についての法律「劇場、音楽堂等の活性化に関する法律」（2012年6月制定）、日々の運営管理に直接的に関係する法律「地方自治法」があります。

「文化芸術振興基本法」においては、4次にわたって政府が「文化芸術の振興に関する基本的な方針」を策定し、文化芸術立国の実現に向けた取り組みが進められてきました。

2017年（平成29年）6月には「文化芸術基本法」に改正され、これまでの「文化芸術の振興に関する基本的な方針」に代わり、新たに「文化芸術推進基本計画」が策定されるようになりました。また、この改正によって、第一章第二条3（基本理念）に「等しく、文化芸術を鑑賞し、これに参加し、又はこれを創造することができるような環境の整備が図られなければならない」とされ、その対象は「年齢、障害の有無、経済的な状況」にかかわらないという文言が追加されました。劇場や文化施設に関係する法律に「障害の有無」にかかわらないという言葉が明確に追記されたのです。

では、今日まで障害のある人たちはどのような法律や制度のもとにあったのでしょうか。ここでは、日本の障害福祉制度・施策の変遷から、障害のある人たちの社会的処遇についてたどってみたいと思います。

障害者福祉のはじまり

我が国の近代的な障害者福祉のはじまりは、1874年（明治7年）の恤救（じゅっきゅう）規則であるといわれています。日本で初めて統一的な基準を設けて支援を行ったこの規則は、「70歳以上の老人、孤児、疾病、廃疾（はいしつ）〔不治の病〕で稼働能力がなく扶養する親族や救助できる隣保関係がない無告の窮民」を対象とした救貧制度でした。

当時は、まだ「人権」という言葉や発想はなく、身体障害を「カタワ」、知的障害を「白痴」（第二次世界大戦後からは「精神薄弱」）、精神障害を「瘋狂（てんきょう）」や「狂人」など、現在では差別用語として使われない言葉で呼んでいました。障害のある人への差別や偏見が往々に存在していた時代でした。

身体障害者福祉法が成立するまで

1905年（明治38年）、ポーツマス条約により日露戦争が終結しました。戦後、日本では大量の傷痍軍人が出現し、社会問題に発展していました。出征した兵士たちの多くが傷病により働けなくなり、生活に困窮したのです。当時、戦争による傷痍軍人は「名誉の負傷」などといわれ、社会的な地位は優遇されていました。しかし、第二次世界大戦後に傷痍軍人に支給されていた軍事援護は打ち切られ、日本全体が貧困状態となりました。そのため、翌年の1946年（昭和21年）9月には「（旧）生活保護法」が制定、10月には実施されることになりました。

1947年（昭和22年）には、障害者に対する職業指導などを規定した「職業安定法」が施行され、身体障害者職業安定要綱が制定されるなど、身体障害者への対策が進みました。

1948年（昭和23年）に、アメリカからヘレン・ケラーが来日すると、視覚障害者に対する支援を盛り込んだ「盲人福祉法」の制定を目指す運動も展開され、1949年（昭和24年）、ついに「身体障害者福祉法」が制定されることになりました。

身体障害者福祉法

「身体障害者の更生を援助し、その更生のために必要な保護を行い、もつて身体障害者の福祉を図ること」を目的に定められました。注目すべきは「更生」という言葉です。この時点の法律では、障害者をもとのよい状態に戻すことが目的とされていました。また、身体障害者とは「障害が理由で職業能力が損傷された18歳以上のもので、都道府県知事から身体障害者手帳の交付を受けたもの」と定められていました。

明治期から戦後にかけての知的障害をめぐる法制度

身体障害者福祉法が制定される2年前に「児童福祉法」（1947年・昭和22年）が制定されました。戦後間もない当時、全国的に「浮浪児」が溢れ出し、その数は約12万人であったといわれています。

増え続ける「浮浪児」は、治安面でも社会問題化し、治安対策と子どもの福祉を守るための両面から児童福祉法が制定されました。知的障害児への支援は、浮浪児対策の一環とした取り組みでスタートしました。

明治期の知的障害児の置かれた環境は、とても過酷なものでした。例えば、「障害のある子どもが生まれることは一族の恥」という声が家族のなかからあがったり、重度の障害児は家の奥に設けられた「座敷牢」に閉じ込められ、一生をそこで過ごしたりする人もいました。

1951年（昭和26年）、「児童憲章」が制定され、「すべての児童は、身体が不自由な場合、または精神の機能が不十分な場合に適切な利用と教育と保護が与えられる」こととなり、障害児への支援についても言及されるようになりました。さらに同年、知的障害児の母親らが中心となって「精神薄弱児育成会」（現、全日本手をつなぐ育成会）が設立され、教育や社会福祉、就労の機会の充実などを求める運動が展開されました。

1953年（昭和28年）に文部省（当時）は「教育上特別な取り扱いを要する児童生徒の判断基準」を定め、障害が軽度の児童には学校教育を受けさせ、障害が重度の児童には施設利用の措置をとり、それより重い障害児は就学免除にするなど、障害の程度によって支援の方向性を変えました。

精神薄弱者福祉法

精神薄弱児育成会の働きかけもあり、厚生省（当時）は1959年（昭和34年）に精神薄弱者援護施設を設置し、翌年の1960年（昭和35年）には「精神薄弱者に対し、その更生を援助するとともに必要な保護を行い、もつて精神薄弱者の福祉を図ること」を目的に「精神薄弱者福祉法」を制定しました。

ここで問題になったのは、精神薄弱者福祉法は身体障害者福祉法とは異なり、対象者の定義が定められていなかったことです。これは、精神薄弱者福祉法より前に制定されていた「精神衛生法」（1950年・昭和25年）の対象者が「精神病、精神薄弱および精神病質」と定められていたことから、対象者が重なることを懸念したためでした。

対象者の定義が定まっていなかったことから、当時は身体障害者手帳のような手帳制度は位置づけられませんでした。その後、1973年（昭和48年）に厚生省（当時）事務次官通知によって療育手帳制度が設けられるようになりました。

精神薄弱者福祉法は、社会状況や時代の流れのなかで変化を遂げていきました。しかし、1971年（昭和46年）に国連が「精神薄弱者の権利宣言」、1975年（昭和50年）「障害者の権利宣言」を採択しました。さらに、1981年（昭和56年）に国際障害者年を展開させると、我が国でもノーマライゼーションや障害者の権利についての議論が広まりました。そうしたなか、「精神薄弱」という言葉が人格や障害におけるマイナスのイメージがあるなどとされ、1999年（平成11年）に「知的障害」へと名称変更されることになりました。

障害者基本法の経緯

これまで見てきたように、1949年（昭和24年）に身体障害者福祉法が、1950年（昭和25年）に精神衛生法が、1960年（昭和35年）に精神薄弱者福祉法が成立しました。これらの法律は、すべて医療を中心に施策が展開されていました。また、政策展開における問題点も抱えていました。それは主に以下の２点にまとめることができます。

・制度の狭間に陥ってしまい、どの制度も利用できない障害者を生み出した
・それぞれが独自の展開を遂げていたので、支援内容に不平等が生じた

例えば、精神障害と知的障害が重複している場合、診断が難しく、どちらの制度を利用すればいいのか判断しづらい問題が発生していました。障害者一人ひとりに応じた支援がしづらい制度設計になっていたのです。

もう一つは、精神障害者への支援の遅れが目立っていたことです。もともと精神障害福祉は、明治期には治安対策としてスタートしていました。また、知的障害者福祉には手帳制度がなく、身体障害者福祉と比べて支援内容に差が生じていました。

これらの現状に、障害当事者やその家族、支援者からも声が上がり、1970年（昭和45年）に「心身障害者対策基本法」が制定されました。この法律の第３条には「すべての障害者は、個人の尊厳が重んぜられ、その尊厳にふさわしい処遇を保障される権利を有するものとする」と規定され、はじめて障害者の「個人の尊厳」や「権利」を保障することが記されました。

心身障害者対策基本法

しかし、「心身障害者対策基本法」は第一条で「この法律は、心身障害者対策に関する国、地方公共団体等の責務を明らかにするとともに

に、心身障者の発生の予防に関する施策及び医療、訓練、保護、教育、雇用の促進、年金の支給等の心身障害者の福祉に関する施策の基本となる事項を定め、もつて心身障害者対策の総合的推進を図る」ことを目的としており、障害の新たな発生をいかにして予防するかという点に重点が置かれていました。この考え方は、障害者を「不幸な存在」「よくない存在」とする考え方に結びつかせる危険性もありました。その危険性がもっとも恐ろしい結果として表れたのが第二次世界大戦中にナチス・ドイツによって行われた「T4作戦（1939年10月～1941年8月にナチス・ドイツが優生学思想のもとに不治の患者をガス室で安楽死させた政策。公式資料に記録された犠牲者数は7万273人に上る）」でした。

また、この心身障害者対策基本法の対象者は「肢体不自由、視覚障害、聴覚障害、平衡機能障害、音声機能障害、若しくは言語機能障害、心臓機能障害、呼吸器機能障害等の固定的臓器機能障害又は精神薄弱等の精神的欠陥（以下、「心身障害」と総称する。）があるため、長期にわたり日常生活又は社会生活に相当な制限を受ける者」とされ、精神障害者は含まれていませんでした。

そんななか、1981年（昭和56年）に国際障害者年、1983年（昭和58年）から1992年（平成4年）に「国連・障害者の十年」が展開され、「完全参加と平等」や「ノーマライゼーション」といった概念が社会的に広がりを見せはじめました。

こうした状況のもと、心身障害者対策基本法は大幅に改正され、1993年（平成5年）に障害者基本法が成立しました。

障害者基本法

この法律の対象は、「身体障害、精神薄弱又は精神障害があるため、長期にわたり日常生活又は社会生活に相当な制限を受ける者」と規定され、心身障害者対策基本法には含まれていなかった精神障害者もその対象として含まれるようになりました。

また、「障害者のための施策に関し、基本的な理念を定め、及び国、地方公共団体等の責務を明らかにするとともに、障害者のための施策の基本となる事項を定めること等により、障害者のための施策を総合的かつ計画的に推進し、もつて障害者の自立と社会、経済、文化その他あらゆる分野の活動への参加を促進する」ことが法律の目的とされ、その理念は「すべての障害者は、個人の尊厳が重んぜられ、その尊厳にふさわしい処遇を保障される権利を有するものとする」、「すべての障害者は、社会を構成する一員として社会、経済、文化その他あらゆる分野の活動に参加する機会を与えられる」とされました。

心身障害者対策基本法が障害発生の予防を重視していたことに対し、障害者基本法では「障害者の自立」「社会参加」を重視したものへと変化を遂げました。

そして障害者基本法もまた、2001年（平成13年）の第56回国連総会で「障害者の権利及び尊厳を保護・促進するための包括的総合的な国際条約」の決議案が採択され、障害者権利条約特別委員会（アドホック委員会）が設置されたことや、2006年（平成18年）第61回国連総会で「障害者の権利条約」が採択され、国内でも権利条約の批准に向けた法整備に迫られたことを受け、2001年（平成23年）に障害者基本法は大幅に改正されました。

障害者基本法の改正ポイント

- 障害者を「心身障害、知的障害、精神障害（発達障害を含む。）その他の心身の機能障害（以下、「障害」と総称する。）がある者であって、障害及び社会的障壁により継続的に日常生活又は社会生活に相当な制限を受ける状態にあるものをいう」と改め、多様な障害のある人を対象とする内容になった
- 「社会的障壁」を「障害がある者にとつて日常生活又は社会生活を営む上で障壁となるような社会における物事、制度、慣行、観念その他一切のものをいう」とし、障害を生み出す社会側のさまざまな問題を規定した
- 法律の目的を「全ての国民が、障害の有無にかかわらず、等しく基本的人権を享受するかけがえのない個人として尊厳されるものであるとの理念にのっとり、全ての国民が、障害の有無によって分け隔てられることなく、相互に人格と個性を尊重し合いながら共生する社会を

実現するため、障害者の自立及び社会参加の支援等のための施策の基本となる事項を定めること等により、障害者の自立及び社会参加の支援等のための施策を総合的かつ計画的に促進すること」とし、障害者への差別を解消する方向性を打ち出した

「障害者基本法」の改正のポイントは、「障害はなくすべきもの」という考えから、「障害によって分け隔てられない社会を目指す」という考えに変化したことでした。

2. 劇場・ホールに直結する法律

身体障害者補助犬法

劇場・ホールの運営に直接関係してくる法律に「身体障害者補助犬法」があります。身体障害者補助犬法は、2002年（平成14年）に成立しました。その目的は、「身体障害者補助犬を訓練する事業を行う者及び身体障害者補助犬を使用する身体障害者の義務等を定めるとともに、身体障害者が国等が管理する施設、公共交通機関等を利用する場合において身体障害者補助犬を同伴することができるようにするための措置を講ずること等により、身体障害者の施設等の利用の円滑化を図り、もって身体障害者の自立及び社会参加の促進に寄与すること」です。

第四章「施設等における身体障害者補助犬の同伴等」第七条「国が管理する施設における身体障害者補助犬の同伴等」には、「国等は、その管理する施設を身体障害者が利用する場合において身体障害者補助犬を同伴することを拒んではならない。ただし、身体障害者補助犬の同伴により当該施設に著しい損害が発生し、又は当該施設を利用する者が著しい損害を受けるおそれがある場合その他のやむを得ない理由がある場合は、この限りではない。」としています。これは、「公共交通機関」や「旅客施設」、「不特定かつ多数の者が利用する施設及び管理する者」も同様とされています。

同項、但し書きに「「身体障害者補助犬の同伴により当該施設に著しい損害が発生し、又は当該施設を利用する者が損害を受けるおそれが

ある場合」とあるのは、「身体障害者補助犬の使用により国等の事業の遂行に著しい支障が生ずるおそれがある場合」と読み替えるものとする」とされており、現時点では身体障害者補助犬の同伴を拒むことは想定しにくいことがわかります。

身体障害者補助犬法が成立するまでは、身体障害者補助犬を伴う人たちは飲食店やホテルに行く度に、お店の人に補助犬がペットではないことを説明し、理解していただき、身体障害者補助犬の同伴を交渉しなければなりませんでした。ただ、2002年の法律成立後、このようなことが本当になくなったかというと、そうとも言い切れないのが現状です。

2015年、大阪市北区にある阪急百貨店梅田本店内の飲食店2店で、聴覚障害のある女性が聴導犬との同伴入店を拒まれました。その女性は、阪急百貨店梅田本店で厚生労働省が主催していた補助犬啓発イベントに参加した直後でした。

2016年の公益財団法人アイメイト協会（東京）の調査では、盲導犬を連れている視覚障害者の89.2％が飲食店の入店拒否などで「嫌な思いをした」経験があると答えています。その場所は、レストランや喫茶店以外に、ホテルや病院などがあがっていました。

身体障害者補助犬とは3種の総称

第二条（定義）「「身体障害者補助犬」とは盲導犬、介助犬及び聴導犬をいう」とされています。

この法律において「盲導犬」は「道路交通法第十四条第一項に規定する政令で定める盲導犬であって、第十六条第一項の認定を受けているもの」とされ、「介助犬」は「肢体不自由により日常生活に著しい支障がある身体障害者」のために、次のことを行うとされています。

・物の拾い上げ及び運搬
・着脱衣の補助
・体位の変更
・起立及び歩行の際の支持
・扉の開閉

・スイッチの操作
・緊急の場合における救助の要請その他の肢体不自由を補う補助
・第十六条第一項の認定を受けているもの

「聴導犬」とは、「聴覚障害により日常生活に著しい支障がある身体障害者のために」次のことを行うとされています。

・ブザー音、電話の呼出音、その者を呼ぶ声、危険を意味する音等を聞き分け、その者に必要な情報を伝え、及び必要に応じ音源への誘導を行う
・第十六条第一項の認定を受けているもの

障害者差別解消法
──「障害は人と社会の間の環境にある」

2006年（平成18年）の第61回国連総会で「障害者の権利に関する条約」が採択されました。これにより、障害者への差別禁止、障害者の尊厳と権利を保障することが国際人権法に基づく人権条約として位置づけられました。我が国は、2007年（平成19年）に同条約に署名し、2009年（平成21年）には内閣に「障がい者制度改革推進本部」が設置され、同条約の締結に必要な国内の障害者関連法の整備など、障害者福祉を集中的に改革するための「障がい者制度改革推進会議」が14回にわたって開かれ、当事者や学識経験者からの意見が求められました。

こうした議論を踏まえ、2013年（平成25年）に「障害を理由とする差別の解消の推進に関する法律」（通称：障害者差別解消法）が成立し、2016年（平成28年）4月より施行されました。

この法律で、新たに加えられた言葉に「合理的な配慮」があります。第三章第七条2に「行政機関等は、その事業又は事業を行うにあたり、障害者から現に社会的障壁の除去を必要としている旨の意思の表明があった場合において、その実施に伴う負担が過重でないときは、障害

者の権利利益を侵害することとならないよう、当該障害者の性別、年齢及び障害の状態に応じて、社会的障壁の除去の実施について必要かつ合理的な配慮をしなければならない」とあります。これは大きな変化でした。

合理的配慮とは、障害者一人ひとりの固有のニーズに対応していくことです。この合理的配慮は、企業・事業者においても努力義務が定められました。

2018年（平成30年）10月には「東京都障害者への理解促進及び差別解消の推進に関する条例」によって、東京都の企業・事業者においては、合理的配慮は努力義務ではなく、義務づけられるものとなりました。

障害者差別解消法でもっとも大切なことは「障害」に対する概念が変わったことです。それまでは「障害は人にある」とされてきましたが、この法律によって「障害は人と社会の間の環境にある」という考え方に変わったのです。私たちは、発想の転換期を迎えているのです。

参考

『障害者福祉の世界』（佐藤久夫、小澤温 2000）
『シリーズ　大学生の学びをつくる　共に生きるための障害福祉学入門』（編者　結城俊哉 2018）

多様な人の生きる社会をデザインする

……………超高齢化社会へのひろがり

第10章

1．医学的視点から社会的視点へ
――「社会に障害を感じている人のために」………

社会に潜む障害こそが、障害者が感じている「生きづらさ」であるということを認識することが必要です。例えば、視覚障害者は医学的視点でみると移動障害者であり、情報障害者であるといえます。しかし、移動障害者は、社会的視点でみると、視覚障害のある人だけではありません。肢体不自由のある人や妊婦、ベビーカーを押している人、高齢者も移動障害者になります。

同じく、情報障害者も社会的視点でみると、知的障害者や聴覚障害者、子ども、言語的少数派、貧困層などもあてはまります。

ある状況や環境、観点からみれば妊婦やベビーカーを押している人、高齢者、子ども、言語的少数派、貧困層も、なんらかの障害者であるといえます。医学的視点に立った「障害者のために」という考え方から、社会的視点に立った「社会に障害を感じている人のために」という考え方に変わらなければならないのです。

医学的視点から社会的視点に転換するとは、障害による「生きづらさ」をもたらしている原因が、自分ではなく社会の側に存在しているという視点になることです。障害のある人たちにとって「生きづらさ」を感じる状況をつくりだしている社会の側こそが変わるべき対象なのではないでしょうか。

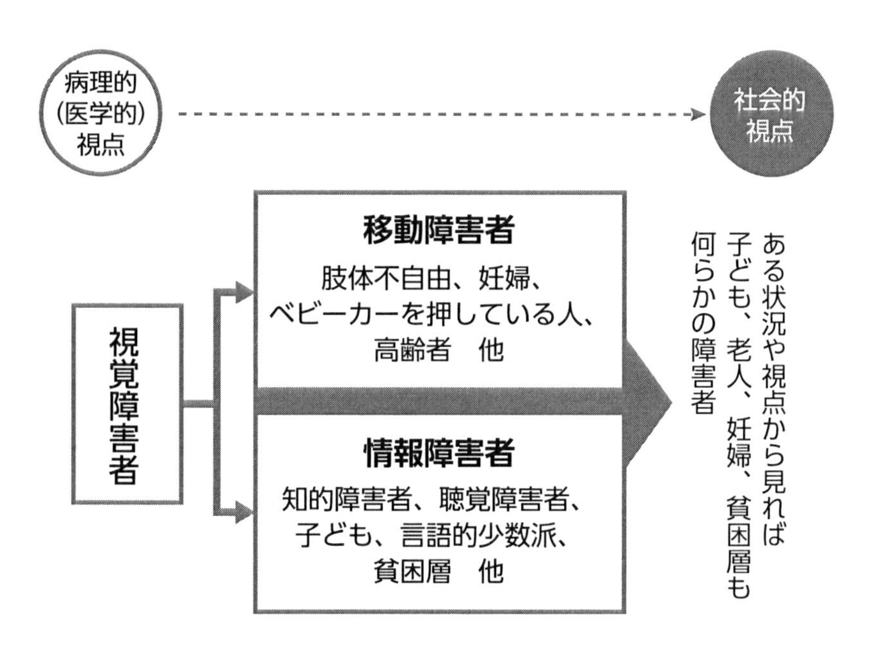

図10-1　視点の転換 ── 医学的視点から社会的視点へ

2．高齢者も参加できる社会づくり

「社会に障害を感じている人」というのは、ごく限られた一部の人のことなのでしょうか。

観客の高齢化

国際障害者交流センターには、障害者のほかに高齢者もたくさん来場します。来場者アンケートでみても、その割合が大きいことがよくわかります。

2016年に実施された事業で60歳以上の来場者の割合は、ダンス公演で33.0％、音楽コンサートで49.5％、演劇公演で49.5％でした。2015年の狂言公演では、64.7％が60歳以上でした。（国際障害者交流センター各事業のアンケート集計より）

60歳以上の来場者のほとんどが、近隣に住んでいる地域住民の人たちです。高齢者で、遠方からやって来る人はあまりいません。このことから考えても、地域の劇場・ホールは、高齢者が参加できる環境をつくっていかなければなりません。

高齢者のなかには、自宅から車いすに乗ってくる人もいれば杖をついてくる人、シルバーカーと呼ばれる高齢者用の手おし車を押してくる人もいます。このシルバーカーは、国際障害者交流センターで事業を実施した際の受付で預かる荷物の第1位です。

この人たちの多くは、リピーターです。昔から国際障害者交流センターに来館していた人たちで、時代とともに自然と歳をとっていった人たちです。高齢者が最近、急に地域に大量に引っ越してきたわけでもなければ、急に劇場に足を運びだしたわけでもありません。

このことは、国際障害者交流センターに限ったできごとではないと思います。むしろ、地方のほうが、もっと観客の高齢化が進んでいるのではないでしょうか。

高齢者も社会に障害を感じている

2016年（平成27年）6月に厚生労働省が発表した「平成27年版障害者白書」では、障害のある人の推計は**約787万9千人**（身体障害者393万7千人、知的障害者74万1千人、精神障害者320万1千人）で、国民のおよそ**6.2%**でした。

2年後の2018年（平成29年）4月に厚生労働省が発表した「平成28年生活のしづらさなどに関する調査（全国在宅障害児・者等実態調査）結果」では、推計が**約936万6千人**（身体障害者436万人、知的障害者108万2千人、精神障害者392万4千人）と、国民のおよそ**7.4%**に増加していました。身体障害者436万人の内訳をみると、実に在宅している身体障害者のうち、65歳以上の割合が76.2%（311万2千人）にまで達していました。急激な高齢者の増加が、障害者の増加に直結していることがわかります。厚生労働省も、障害のある人が増えた要因を「高齢化の進行と、障害への理解が進んだことによる障害認定の増加にある」としています。

高齢者のなかには、障害者に認定されていないが、目が見えにくい、耳が聞こえにくい、足が不自由、なんらかの病気を抱えている人もたくさんいます。高齢者も、社会に障害を感じている一人なのです。

高齢化した観客を受け入れられた要因

多くの高齢者が、なぜ国際障害者交流センターに鑑賞者として訪れることができたのでしょうか。狂言公演は、高齢者のニーズにマッチした事業だったかもしれません。しかし、ダンスや音楽、演劇公演は決して高齢者をターゲットにした作品ではありませんでした。それにもかかわらず、多くの高齢者が鑑賞に訪れました。

この結果を生んだ要因は、私たちが取り組んできた「障害のある人たちも参加できる環境づくり」が、高齢者にとっても有効であったといえます。

バリアフリーな施設

国際障害者交流センターの設備（ハード面）は、バリアフリーに恵まれています。通路幅は、車いすが行き来するのに十分な幅が確保されています。通路や階段など、あちこちに手すりが設置されています。ほとんどのトイレが多目的トイレで、普通のトイレのほうが少ないくらいです。

駅から施設まで車いすで来ることのできる動線があります。駐車場からエントランスまではエレベーターが設置されています。エレベーターには、手で押すスイッチとは別に、足でキックして押すことができるスイッチが備えつけられています。

エントランスから舞台裏まではフラットになっているので、車いすの人でも一人で行くことができます。とても恵まれているバリアフリーな環境です。

しかし、国際障害者交流センターも他の劇場やホールと同じように、客席は階段になっています。ホールの1階席に車いすを何百台と止めることができますが、スロープ部分にはちょっとした段差があり、高齢者がよくつまずきます。それでも、恵まれたハードであることは間違いありません。

アナログな発信と受信

障害のある人へも情報が届きやすいチラシづくりや届けるための工夫を実施してきました。また、チケットの申し込み方法も、電話やファックス、ハガキなど、さまざまな申し込み窓口を開設して、それらを受け入れることができる体制を構築してきました。

インターネットに慣れていない、またはインターネットと聞いただけで拒否反応を示す高齢者にとって、申し込み窓口にアナログな手段が用意されていることは、結果として高齢者の参加申し込みのハードルを下げました。

鑑賞しやすい時間帯

障害のある人のなかには、来館するためにガイドヘルパーを利用しなければならない人がいます。そのため、開催時間は、午後5時までに終了するように企画します。夜公演は基本ありません。

この開催時間は、高齢者にとっても都合がよいものでした。高齢者の活動時間は、午前からお昼で、夜に出歩くのを嫌う人が多いといわれています。午後5時までに終わって家に帰れるというスケジュールは、ガイドヘルパーを伴っている障害のある人だけでなく、高齢者にとっても鑑賞しやすい時間帯でした。

字幕・音声補聴

高齢者のなかには、申し込みの時点で字幕や音声補聴、車いすなどの鑑賞サービスを希望してくる人がいます。なかには、高齢のため足が不自由なので段差のない席を希望してくる人もいれば、トイレが近いので出入口付近の座席をリクエストしてくる人もいます。
障害のある人のために用意した鑑賞サービスが、高齢によって見えづらい、聞こえづらいといった障害を感じる高齢者の鑑賞にも役に立つ結果となりました。
実際に、鑑賞サービスを利用した高齢者のなかには「字幕があったので理解できた」「補聴器のおかげでセリフが聞き取りやすかった」といった声を届けてくれる人がいます。その他、「あそこの段差でつまずいた」「もう少し客席を明るくしてほしい」といった要望や気づいたことを私たちに教えてくれる人もいます。

チケットの再発行

障害のある人が安心して鑑賞できるように、十分な人員で運営体制を組みます。そのため、国際障害者交流センターでは、地域のボランティアスタッフに協力をいただき、活躍していただいています。
人員を割かれるポジションの一つに受付業務があります。受付では、当日チケット対応やチケットもぎり、パンフレットの配布、荷物預かりのほか、字幕を見るための端末や音声ガイドを聞くための受信レシーバーの貸し出し業務があります。
もう一つは、チケットの再発行業務です。ものを忘れる特性のある高次脳機能障害のある人などへの対応としてチケットの再発行対応をしていますが、高齢者のなかにもチケットを忘れる人がいます。
受付でリストを確認し、チケットの再発行を行います。ただ、高齢者の場合は、しばらくすると「カバンのなかにありました」といって持ってきてくれる人も多いです。

ここにあげた要因以外にも、障害のある人へのサービスが高齢者にとっても参加できる環境につながるサービスになっているものはあります。
障害のある人のために進めてきた「参加できる環境づくり」は、結果として「高齢者も参加できる環境」をつくることにつながっていました。
まさに第1章でふれたトム・ハーキン元上院議員が1枚の絵によって示したこと、「特別なニーズをもつ人のための道をクリアにすることが、みんなのための道をクリアにします！」が実現されていたといえるでしょう。
特別なニーズをもつ人のための環境をつくることが、すべての人のための環境をつくることになる。つまり鑑賞サービスに取り組むことは、舞台芸術をツールに、人と社会をつなぐ（デザインする）取り組みといえるのではないでしょうか。

3．新しい社会をデザインする

2025年、大阪で万国博覧会（大阪万博）が開かれます。この大阪万博では、日本や世界の新しい技術や商品・サービスが生まれ、人類の生活がより豊かになる「きっかけ」となることが期待されています。
では、大阪万博がやってくる2025年は、いったいどんな時代が予測されているのでしょうか。

2025年の日本

2025年に予測されている日本の社会は、高齢化社会です。堺屋太一が「団塊の世代」と名づけた戦後の第一次ベビーブーム世代が、75歳の後期高齢者となるこの年、65歳以上の高齢者が3,677万人に達すると予測されています。これは、日本国民の約3人に1人が高齢者になる数字です（国立社会保障・人口問題研究所が公表している「日本の将来推計人口」より）。
その結果、産業構造や医療・介護の現場が著しく変化すると予想されています。
高齢化問題を抱えているのは、日本に限ったことではありません。多くの先進国が、高齢化問題を抱えることになります。しかし、日本ほど急速に高齢化社会に突入する国は世界でも例がないといわれています。
高齢者が多くなることで、高齢者の健康維持への取り組みは今より増すことが予想されます。社会の側も、健康になった高齢者を受け入れる環境をつくっていかなければなりません。高齢者がどんどん街に出て活躍することで市場が活性化される仕組みが必要となります。

鑑賞サービスがインフラに

障害のある人たちの舞台芸術鑑賞サービスとして、字幕や音声ガイド付き公演づくりに長年にわたって取り組んできました。だれもが芸術文化を享受できる権利をもっているとされながらも、それが障害者（国民総数の7.4%）のためのサービスであるとされたとき、それはある一部の人のためのサービスであると解釈され、世の中への広がりを阻みました。

しかし、国民の約3人に1人が障害を感じる高齢者になる日本の未来を見たとき、字幕や音声ガイドといったサービスは、もはや舞台芸術鑑賞においてだれもが必要となるインフラであるといえます。

この鑑賞サービスは、長きにわたって福祉団体が中心となってその役割を担ってきてくれました。しかし、「福祉」という枠組みのせいで仕事としてなかなか認知されず、ボランティア活動の一環としてみられることが多かったのも事実です。

鑑賞サービスが社会のインフラとして確立されていくためには、官民が協力して最先端の技術と英知を出し合い、将来的に商用化され、一つの産業として発展し、コストダウンが進み、だれもが利用できるサービスにならなければなりません。

2025年の大阪万博は、新しくデザインされた日本の社会を世界に提案する絶好の機会です。障害者の舞台芸術鑑賞サービス事業は、これからの世界の文化・社会のインフラとして大きなインパクトをもつものではないでしょうか。

索 引

あ

か

さ

た

な

は

ま

や

ら・わ

A-Z

著者　南部充央（なんぶ みつお）

障害者も参加できる舞台芸術の企画制作、運営に携わる。公益財団法人全国公立文化施設協会コーディネーター。2016年国際障害者交流センターと日本財団パラリンピックサポートセンターによる「障がい者の舞台芸術表現・鑑賞に関する実態調査」のプロジェクトチームに参画、各種舞台のアドバイザー・研修を務める。2019年ピン・チョン演出「生きづらさを抱える人の物語」（東京芸術劇場）制作ディレクター。日本障害者舞台芸術協働機構代表理事。株式会社リアライズ取締役。

編集	林信夫
手話解説	金子真実＋田村梢
イラスト	いけながしろう

障害者の舞台芸術鑑賞サービス入門 人と社会をデザインでつなぐ

2019年 9月19日 初版第1刷発行
2020年12月18日 初版第2刷発行

著者 南部充央
発行者 長谷部敏治
発行所 NTT出版株式会社
〒108-0023 東京都港区芝浦3-4-1グランパークタワー
営業担当 TEL 03(5434)1010 FAX 03(5434)0909
編集担当 TEL 03(5434)1001
https://www.nttpub.co.jp/

装丁・本文デザイン 三森健太(JUNGLE)
本文組版 株式会社 RUHIA
印刷・製本 株式会社 デジタル パブリッシング サービス

ISBN 978-4-7571-6083-5 C0036